1일 1페이지, 삶의 무기가 되는 인생 한자

어른의 한자력

1일 1페이지, 삶의 무기가 되는 인생 한자

어른의 한자력

신
동
욱
지
음

포르*체

한자는 우리의 삶이다

세계에서 가장 오랜 역사를 가진 표의문자(表意文字) 중 하나인 한자는 음과 뜻을 동시에 가진 글자다. 각각의 한자에는 그 글자만이 지니는 고유 의미가 있다. 그 의미는 단순하게 부여된 것이 아니다. 한자는 오랜 시간에 걸쳐 만들어지고 사용되어 왔기 때문에, 그 시대를 살았던 사람들의 생각을 반영한다. 그들이 세상을 어떻게 바라보고 해석했는지가 한자 속에 오롯이 담겨 있다. 각 한자가 그 뜻을 갖게 된 배경을 하나씩 추적하다 보면, 그 시절 사람들이 가졌던 생각을 살짝 엿볼 수 있다. 그래서 한자는 무척 흥미로운 글자다.

비록 설문해자(說文解字)처럼 예로부터 공인되어온 해석에만 의존하지 않더라도, 자신만의 관점으로 새롭게 한자를 읽어 보고 통찰을 얻을 자유가 있다. 천편일률적 해석이 아니라, 자신의 관점으로 재해석해 보고 도움이 될 만한 메시지를 끄집어내는 것을 한자는 허락해 준다. 여기에 한자의 진정한 매력이 있다. 나는 평범한 직장인일 뿐 한자에 대해 해박한 전문가는 아니지만, 한자에 깊은 매력을 느꼈던 계기가 여기에 있다. 평범한 사람도 얼마든지 입체적인 해석을 시도해 보고 새로운 의미를 발견할 수 있는 글자가 바로 한자다.

여기 優(뛰어날/넉넉할 우)라는 한자가 있다. '우월(優越)하다', '우수(優秀)하다'는 말을 할 때 그 '우優' 자다. 亻(사람 인)과 憂(근심 우)가 합쳐져 만들어진 한자인데, 어쩌다 '뛰어나다' 혹은 '넉넉하다' 같은 의미를 가지게 되었을까? 네이버 한자 사전을 참고해 보면 사람(亻)이 느릿느릿 걸어가는 모습(憂)에서 넉넉하고 여유롭다는 뜻이 나온 것이라 설명하지만, 나는 이 한자를 내 관점에서 마음대로 해석해 보기로 했다. 아무리 근심이 많은 상황(憂)이라도 내 곁에 힘이 되어 주는 사람(亻) 한 명만 있으면 넉넉한 상황으로 바꿀 수 있다는 메시지로 말이다. 직장에서 보냈던 시간은 만만치 않았지만, 지금껏 견디며 살아올 수 있었던 것은 주변 사람들의 도움이 있었기 때문임을 기억한다. 그 사람(亻)들 덕분에 근심(憂)을 넉넉하게(優) 바꿀 수 있었다. 優(뛰어날/넉넉할 우)라는 한자는 인생의 소소한 성공들이 결코 혼자 잘난 덕분에 이룬 것이 아님을 가르쳐 주었다. 나에게 넉넉함(優)을 선물해 준 사람들에게 늘 고마운 마음을 간직해야 한다고 알려 주었다.

愛(사랑 애)는 사랑이라는 뜻을 가진 한자다. 이 愛(사랑 애) 앞에 '날마다'라는 뜻을 가진 日(날 일)이 오면 어떤 뜻이 될까? 날마다 사랑을 하니, 더 깊은 사랑을 하게 된다는 뜻으로 바뀔까? 안타깝지만 그렇지 않다. 희미하다는 뜻을 가진 曖(희미할 애)라는 한자가 된다. 다소 엉뚱한 뜻으로 변한 것처럼 보이지만, 곰곰이 생각해 보면 무릎을 탁 치게 된다. 우리는 공기가 없으면 단 1초도 숨쉬기 힘들고, 한 모금의 물이 없으면 하루를 버티기 힘들다. 그럼에도 공기와 물에 대한 고마움은 희미한 채로 살아간다. 공기와 물이 너무 당연해져 버린 탓이다. 옆의 사랑하는 사람도 마찬가지 아닐까? 누구보다 사랑하는 대상이지만 그 존재를 날마다(日) 있는 당연한 것으로 여기기 시작하면 그 사랑(愛)은 曖(희미할 애)라는 한자처럼 점점 희미해져 버린다. 사랑을 당연한 것으로 여겨서는 안 된다는 것을 알려 준다. 공기와 물처럼, 그 고마움을 늘 기억할 때 사랑도 더 오랜 생명력을 가지고 떠나지 않는다는 사실을 일깨워 준다.

이렇게 나름의 관점으로 한자를 들여다보니, 단순한 글자 이상의 의미로 다가왔다. 인생에 도움이 될 만한 깨달음이 한자를 통해 하나둘 보이기 시작했다. 열심히 직장 생활을 하는 직장인으로서 어떻게 처신해야 좋을지 힌트를 주었다. 사회와 공동체를 구성하는 책임 있는 시민으로서 어떤 마음을 가져야 할지 가르침을 주었다. 사람들과의 관계 속에서 늘 고민하는 나에게 사람을 대하는 태도에 대해 알려 주었다. 그리고 인생의 주인공으로 살아가는 방향을 제시해 주었다. 이 책은 한자와 대화를 나눈 즐거웠던 여정의 결과물이다.

한자는 얼마든지 자신만의 관점으로 재해석할 수 있는 '열린 글자'다. 나처럼 누구라도 각자 상황과 사정에 맞게 자유롭게 해석하고 자기 삶에 적용해 볼 수 있다. 중요한 것은 이 한자들로부터 각자에게 맞는 통찰력을 얻고 성장에 도움이 되도록 하는 것이다.

세상에 널린 것이 자기 계발서지만, 한자를 통해 자기 계발을 도모해 보는 책이 한 권쯤 있는 것도 좋을 것 같다. 평소 한자를 가까이 할 기회가 없었거나, 혹은 단순히 암기해야 하는 글자로만 여겨 매력을 잘 몰랐던 사람들이 한자를 훌륭한 선생님, 친근한 친구로 재발견해 보는 책이 되었으면 한다. 궁극적으로 이 책을 읽는 분들의 성장에 작은 도움이 될 수 있다면 저자로서 무척 기쁠 것이다.

부족한 필력으로는 근심(憂)으로 점철될 수밖에 없던 원고였지만, 넉넉하게(優) 바꾸려 힘써 준 소중한 사람(亻)들이 곁에 있었기에 책이 세상에 나올 수 있었다. 그 사람(亻)들 중에 가장 고마운 사람은 역시 이 책을 읽어주시는 독자들일 것이다. 진심으로 감사의 말씀을 전한다.

사람들 사이를 살아가며 씁니다

내 인생을 살아가며 씁니다

謙
讓
之
德

직장인으로
살아가며 씁니다

세상에는 다양한 종류의 리더가 있다.
오늘날 사회가 더욱 요구하는 리더는 어떤 유형일까?

어떤 리더가 될 것인가?

長 어른/길다 장 | 將 장수/장차 장 | 君 임금 군

리더의 뜻을 가진 한자들이 있다.

우선 '長'은 팀장, 실장을 말할 때 그 한자인데, 흔히 어떤 조직의 리더를 일컫는다. 이 한자는 머리카락이 긴 노인을 형상화한 글자다. 오랜 시간 동안 겪은 경험에서 우러나오는 권위를 가진다.

'將'은 군대를 이끄는 리더다. 한자의 기원인 갑골문자로 보면 손으로 평상을 번쩍 들고 있는 모양이다. 한 손으로도 평상을 들만큼 힘이 무척 세서 거대한 군대 조직을 능히 이끌 장수란 뜻이다.

'君'은 '尹'(다스릴 윤)과 '口'(입 구)가 합해진 글자다. 尹은 오른손으로 지휘봉을 굳게 잡고 있는 모습이다. 지휘봉을 든 모습은 그 자체로 권위를 상징하기도 하지만, '지휘'의 핵심은 '방향 제시'에 있다. 尹으로 조직 구성원들에게 목표와 방향을 정확히 제시하고 口(입), 즉 정확한 커뮤니케이션을 통해 그들의 마음을 하나로 묶는 능력이 있는 리더가 바로 君이다.

세상에는 다양한 리더가 있다. 長처럼 연공서열에 따라 자연스럽게 리더가 되는 경우도 있고, 將처럼 뛰어난 실력과 카리스마로 리더가 되는 경우도 있다. 君처럼 정확한 방향 제시와 커뮤니케이션 능력으로 조직을 이끄는 리더도 있다. 오늘날 사회가 더욱 요구하는 리더는 어떤 유형일까? 작은 조직을 이끄는 리더를 長이라 하고, 규모가 큰 군대를 이끌 리더를 將이라 하며, 한 나라를 이끌 리더를 君이라 하는 것을 보면, 각 영역별로 힌트가 있지 않을까 싶다.

✦ 정확하게 쓰기 ✦

어른/길다 장

부수	長 [镸,镸] (길장, 8획)
모양자	丨(뚫을 곤)＋三(석 삼)＋衣(옷의변 의)
장단음	장(:)
총획수	8획

장수/장차 장

부수	寸 (마디촌, 3획)
모양자	(나뭇조각 장)＋ㅁ(一)＋丶(점 주)
장단음	장(:)
총획수	11획

임금 군

부수	口 (입구, 3획)
모양자	口(입 구)＋尹(성씨 윤)
총획수	7획

✦ 따라 쓰며 마음에 새기기 ✦

어른 / 길다 장

장수 / 장차 장

君 君 君 君

임금 군

어른의 한자력

✦ 떠올리며 기록하기 ✦

✳ 나를 따르는 사람들은 나의 어떤 점을 좋아하는가?

✳ 내가 좋아하는 리더의 어떤 모습이 좋은가?

✳ 나는 리더가 되고 싶은가, 팔로워가 되고 싶은가?

눈을 마주치세요

臣 신하 신 ㅣ ㅌ ㅡ ㄹ ㄱ ㅓ

리더를 君이라 한다면 팔로워의 뜻을 가진 한자로 '臣'을 들 수 있다. 고개를 숙이고 눈을 내리깔고 있는 사람의 눈을 본뜬 모습의 한자다. 한자가 처음 만들어진 고대 신분제 사회까지 갈 것도 없이 지금도 윗사람이 아랫사람에게 화가 나면 던지는 말 중에 하나가 '눈 안 깔아?'가 아닌가.

처음 사회 생활을 시작했던 직장은 무척 수직적인 조직이었던 터라 실수를 하면 상사에게 꾸지람을 자주 들었다. 혼날 때는 두 손을 공손히 모으고 눈을 내리깐 자세가 정석이다. 윗사람은 화난 눈으로 쏘아보고, 아랫사람은 눈을 내리깐다. 시선의 위치가 곧 권력 관계를 보여 준다.

오늘날 스타트업을 중심으로 많은 회사가 수평적 관계를 지향한다. 심지어 서로 반말하는 것이 정책인 회사도 있다. 지나치게 수직적인 조직은 업무 환경을 경직시키고 자유로운 의견 교환을 어렵게 하기에, 수평적 조직 자체로는 긍정적이다. 그러나 과장이나 대리 같은 직급을 없애고 서로 '님'이라 부르거나 반말을 한다고 해서 수평적인 조직이 되는 것은 아니다. 진정한 수평적 관계는 형식 파괴가 아니라 '권한의 분산'에서 나온다. 권한이 분산된 조직에서는 권력 앞에 줄 서는 사내 정치가 사라질 가능성도 높다. 눈을 내리까는 臣가 아니라, 오너십을 갖고 자기 주도적으로 일하는 진정한 팔로워가 탄생한다.

호칭은 똑같이 다 '님'이면서 모든 권한은 여전히 일부 조직장에게 집중되어 있다면, 오직 한 사람 아래 모든 인민이 평등한 공산주의 사회와 다를 바 없다. 수평적 관계를 지향하는 조직이라면 우선 리더든 구성원이든, 어떤 상황에서도 서로 눈을 마주칠 수 있는 환경을 조성해야 한다.

臣과 비슷하게 생긴 한자로 '巨'가 있는데, '크다'는 뜻뿐만 아니라 '저항한다'는 뜻도 함께 가지고 있다. 한자의 유래처럼 자신의 구성원을 臣 취급하며 '눈 내려깔기'를 강요한다면, 臣는 어느 순간 巨로 돌변하고 말 것이다. 특히 오늘날 MZ세대들은 강압적인 태도를 더욱 참지 않는다. 지금은 눈을 내리까는 순종적인 팔로워 대신, 서로 눈을 맞추고 의견을 가감 없이 교환할 수 있는 팔로워가 필요한 때라는 것을 잊지 말자.

✦ 정확하게 쓰기 ✦

신하 신

부수	臣 (신하신, 6획)
모양자	ㄷ (상자 밧) + ㅣ(뚫을 곤) + ㄱ(一) + 一(한 일) + ㅣ(뚫을 곤)
총획수	6획

클 거

부수	工 (장인공, 3획)
모양자	巨 (클 거)
장단음	거:
총획수	5획

✦ 따라 쓰며 마음에 새기기 ✦

신하 신

클 거

✦ 떠올리며 기록하기 ✦

✳ 나는 수평적인 사람인가, 수직적인 사람인가?

✳ 수평적인 관계란 무엇일까?

회사의 본질

會 모일 회 | 社 모일 사

회사는 '會'와 '社'로 이루어진 단어다. 사람들이 모이는 곳이라는 의미인데, 한자의 유래는 회사의 본질을 무엇이라고 설명할까?

會는 뚜껑과 받침 사이에 음식이 놓인 형상이다. 어릴 적 어머니가 싸 주시던 보온 도시락 안에 밥과 반찬이 차곡차곡 쌓여 있는 모습을 그려 보면된다. 그렇다. 회사를 다니는 가장 중요한 이유 중 하나는 '밥'이다. 자아 성찰, 노동의 기쁨, 이루고 싶은 인생의 목표... 회사를 다니는 이유는 사람마다 각각이지만 결국 첫째는 먹고 살기 위해서다. 당장 그만두고 싶은 마음이 목구멍까지 올라와도, 나의 생계와 먹여 살려야 할 식구를 떠올리며 다시 한번 마음을 다잡고 어제처럼 오늘도 출근을 한다.

또 다른 의미의 밥은, 회사 동료들과 함께 먹는 밥이다. 친해지려면 일단밥부터 같이 먹어야 한다. 친밀한 소통은 함께 먹는 밥에서 출발한다. 예로부터 우리 사회에서 밥은 무척 중요한 의미를 가졌다. 만나면 하는 인사가 '밥은 먹었어?'고, 가족을 의미하는 식구(食口)는 말 그대로 '먹는 입'이다. 밥의 의미를 알기에 정부도 월급의 일부는 식비 명목으로 비과세해 주는 것이 아니겠는가! 관계가 친밀하고 끈끈한, 잘되는 조직은 같이 밥 먹는 시간이 즐겁다. 회식이 괴롭지 않고 오히려 기다려진다.

'社'(모일 사)는 '示'(보일 시)와 '土'(흙 토)가 합쳐진 모습인데, 示는 신에게 제사를 지내는 제단을 형상화했다. 토지신에게 제사를 지내기 위해 모인 것이 社의 의미다. 토지신에게 풍년을 기원하기 위해 모든 사람이 한마음으로 제사를 지낸다. 회사도 마찬가지다. 경력이든 신입이든 일단 회사라는 한울타리에 들어왔다면 한마음으로 토지신에게 제사를 지내듯 회사의 성장을 위해 일해야 한다. 리더의 가장 중요한 능력은 구성원들의 마음을 얼마나 하나로 잘 묶어 내어 회사의 성장에 기여하도록 만드느냐에 달렸다.

이렇게 본다면 '회사'의 본질에 충실한 회사는 직원이 밥을 잘 먹을 수 있도록 충분한 보상을 해주고 동료들과 같이 밥 먹는 것이 즐거운 일터다. 그래서 직원들에게 동기를 부여하며 직원과 함께 성장하는 곳이다. 물론 말처럼 쉽지는 않겠지만.

✦ 정확하게 쓰기 ✦

모일 회

부수	日 (가로왈, 4획)
모양자	亼(모일 집) + 囗(나라 국) + ˋʹ(작을 소) + 日(가로 왈)
장단음	회 :
총획수	13획

모일 사

부수	示 [礻] (보일시, 5획)
모양자	示(보일 시) + 土(흙 토)
총획수	8획

✦ 따라 쓰며 마음에 새기기 ✦

모일 회

모일 사

+ 떠올리며 기록하기 +

 ✳ 나에게 회사는 어떤 곳인가?

 ✳ 회사의 분위기를 개선한다면 어떤 방법이 좋을까?

매일 불금을 꿈꿉니다

勞일할 노 | 榮영화 영

노동을 의미하는 '勞'는 '熒'(등불 형) 밑에 '火'(불 화) 대신 '力'(힘 력)을 넣은 한자다. 등불(火) 2개 아래 밤늦게까지 힘써 일하는 일꾼의 노고를 보여주는 듯하다. 고대 사회에도 우리네 직장인들처럼 야근이 잦았나 싶어 안쓰러운 마음이 든다.

회사에 들어가 처음 시작한 커리어는 전공과는 동떨어진, 전혀 새로운 일이었다. 대부분의 신입 사원이 으레 겪는 과정이겠지만, 나는 보통 신입 사원들보다 더 세게 맨땅에 헤딩을 했다. 매일 12~14시간씩 일하던 시절이었다. 야근을 당연하게 생각하던 때였지만 이건 좀 심하다 싶었는지(혹은 인사 팀에서 통보가 갔을지도 모른다) 팀 회의 때 "무슨 신입 사원이 야근을 이렇게 심하게 하냐?"라며 팀장님이 한소리 하시던 기억이 난다.

지금은 주 52시간 제도가 법제화 되었지만, 우리나라는 여전히 OECD에서 근무 시간이 가장 긴 축에 속한다. 동시에 노동 생산성은 매우 낮다. 熒을 켜고 늦게까지 오래 일하면 잘한다고 칭찬받던 시대는 이제 지나갔다. 낮이든 새벽이든, 사무실이든 카페든, 시간이나 장소에 상관없이 회사가 기대하는 성과를 충분히 이루면 일을 잘하는 것이다. 회사를 위해 있는 힘껏 力을 다하되, 반드시 熒을 켜고 밤늦게까지 일해서 만든 결과일 필요는 없다. 주어진 몫만 제대로 잘 해내면 1시간을 일하든 10시간을 일하든 충분한 보상과 인정을 받을 수 있는 곳이 정상적인 회사고 정상적인 사회다.

勞에서 力 대신 木(나무 목)을 넣으면 '榮'이 된다. 나무에 불이 붙어 활활 타오르는 모습이 '영화로움'을 뜻하는데, 소위 '불금'을 표현하는 듯하다.

어른의 한자력

낮에는 열심히 일하고 燚을 켠 저녁과 밤은 오로지 나와 내 사랑하는 가족을 위해 활활 불타오르는 시간이 되기를! 모든 직장인들의 매일이 불금이기를!

✦ 정확하게 쓰기 ✦

일할 노

부수	力 (힘력, 2획)
모양자	力(힘 력(역)) + ** (등불 형)
총획수	12획

영화 영

부수	木 (나무목, 4획)
모양자	木(나무 목) + ** (등불 형)
총획수	14획

✦ 따라 쓰며 마음에 새기기 ✦

일할 노

영화 영

✦ 떠올리며 기록하기 ✦

✴ 지금 나에게 돈과 시간 중 더 중요한 것은 무엇인가?

✴ 내가 생각하는 워라밸은 무엇인가?

너와 나 사이를 비워 두는 것

疏 소통할 / 트일 소 | 通 통할 통

직장 생활을 잘하기 위해 중요한 것들이 많지만, 그중 하나는 단연코 소통 능력이다. 진심으로 사랑해도 표현하지 않으면 알 수 없는 것처럼, 직장에서도 자기 실력을 소통이라는 그릇에 잘 담지 못하면 실력을 제대로 인정받기 어렵다. 소통이 중요한 게 어디 직장에서 뿐일까. 모든 관계에서 소통은 매우 중요하다.

'疏'와 '通'은 두 글자 모두 막힘없는 상태를 의미한다. 疏는 '疋'(발 소)와 '㐬'(깃발 류)가 나란히 있는 한자인데, 㐬(깃발 류)는 아이가 물에서 떠내려가는 모습을 형상화했다고 한다. 아이가 떠내려가는 모습을 보면 누구나 두 발 벗고 나서서 구하려 하지 않을까. 이런 거리낌 없는 태도에서 소통이 나온다. 通은 '辶'(쉬엄쉬엄 갈 착)과 '甬'(길 용)이 결합한 모습인데, 甬은 고리가 있는 종이라는 해석도 있고, 대롱이라는 해석도 있다. 종이든, 대롱이든 공통점은 중간이 텅 비어 있다는 점이다. 너와 나 사이에 있는 모든 편견을 버리고 상대방의 모습을 제대로 볼 수 있을 때 비로소 소통이 가능해진다.

한 해운사 선원들이 파업을 예고해서 뉴스에 크게 난 적이 있었다. 불황과 법정관리로 회사가 큰 어려움을 겪을 때 직원들은 8년이나 임금 동결을 감수했고, 회사는 초호황기를 맞아 큰 수익을 내며 극적 반전을 이루었다. 그럼에도 걸맞는 보상이 없는 것이 선원들의 불만이었다. 보상보다 특히 젊은 선원들을 가장 화나게 한 것은 '한 달 데이터 사용 4기가 제한'이었다고 한다. 수개월 넘게 육지에서 떨어져 있는데, 사랑하는 사람과 영상통화도 마음 편하게 할 수 없는 환경이라면 불만이 커질 만하다. 경영진이 선원들과 제대로 소통하면서 고충을 조금만 더 섬세하게 이해했다면 파업

어른의 한자력

까지 갔을까. 소통만 원활히 잘해도 이 세상의 모든 불만과 갈등 절반 이상은 줄어들지 않을까 하는 생각이 든다.

✦ 정확하게 쓰기 ✦

소통할/트일 소

부수	疋 (짝필, 5획)
모양자	疋(짝필 필) + 㐬(깃발 류(유))
총획수	12획

통할 통

부수	辶 [辵,辶,辶] (책받침2, 4획)
모양자	辶(쉬엄쉬엄 갈 착) + 甬(길 용)
총획수	11획

✦ 따라 쓰며 마음에 새기기 ✦

소통할/트일 소

疏 疏 疏 疏

통할 통

✦ 떠올리며 기록하기 ✦

✳ 관계가 어려운 사람과 소통을 가로막고 있는 장애물은 무엇이라고 생각
   하는가?

✳ 회사에서 불만이 있다면 어떻게 표현하는가?

분노는 불의를 볼 때만 하자

憤 분할 분 | 怒 성낼 노 | 忿 성낼 분

직장 생활은 곧 스트레스와의 전쟁이다. 어떤 사람은 스트레스를 꾹 참다가 화병을 앓는 사람이 있는가 하면, 스트레스를 다른 사람들(특히 부하 직원이나 후배)에게 마음껏 발산하며 혼자만 정신적으로 건강한(?) 삶을 영위하는 사람도 있다. 혹여 분노 조절 장애를 가진 상사를 만나기라도 하면, 직장 생활은 그야말로 지옥이다.

'분노하다'라는 뜻을 가진 한자 '憤'은 '忄'(마음 심)과 '賁'(클 분)이 더해진 한자인데, 賁은 원래 큰 북을 의미했다고 한다. 전투를 앞둔 병사들의 사기를 올리기 위해 큰 북을 둥둥 치는 장면이 연상된다. 이 한자에서 타자에 대한 분노와 흥분, 적개심이 느껴진다. 순간적으로 욱하는 분노를 표현했다 볼 수 있으니, 분노 조절 장애를 가진 사람들에게 어울리는 한자라 할 만하다.

마찬가지로 분노의 의미를 가진 '怒'는 '奴'(종 노)와 '心'(마음 심)이 더해진 한자다. 종에게 벌컥 화내고 있는 모습이지만, 동시에 그런 취급을 당하고 있는 종의 마음을 표현한 것이기도 하다. 직장 생활에 대입해보면 憤은 화내고 있는 윗사람의 분노를, 怒는 화풀이 대상이 되어 마음에 화가 쌓이기 시작한 아랫사람의 분노를 표현한 듯하다. 화내는 것을 묵묵히 듣고 있는 직원도 마음속으로는 화가 치밀 테니. 그래서 憤은 순간적으로 분출하는 분노를, 怒는 오랫동안 서서히 쌓이는 분노를 의미하는 것 같다.

자신이 奴, 노비 정도로 취급받는다 느끼는 직원은 마음에 怒가 쌓일 것이다. 동료 직원에게 함부로 憤을 표출하고 怒가 쌓인 조직은 멀쩡할 리 없다. 憤과 같은 의미를 가진 한자 '忿'은 마음(心)이 쪼개진(分) 모습을 보여준다. 화로 가득해져 마음이 쪼개진 사람들이 모인 조직은 갈라지고 무너지기 마련이다.

✦ 정확하게 쓰기 ✦

분할 분

부수	忄 [心,⺗] (심방변, 3획)
모양자	忄(심방변 심)＋賁(클 분)
장단음	분:
총획수	15획

성낼 노

부수	心 [忄,⺗] (마음심, 4획)
모양자	心(마음 심)＋奴(종 노)
장단음	노:,로:
총획수	9획

성낼 분

부수	心 [忄,⺗] (마음심, 4획)
모양자	心(마음 심)＋分(나눌 분)
장단음	분:
총획수	8획

✦ 따라 쓰며 마음에 새기기 ✦

분할 분

성낼 노

성낼 분

✦ 떠올리며 기록하기 ✦

✳ 나는 어느 순간에 가장 화가 나는가?

✳ 나는 서서히 화를 쌓아두는 사람인가, 즉흥적으로 화를 내는 사람인가?

✳ 나는 리더가 되고 싶은가, 팔로워가 되고 싶은가?

어른의 한자력

취하기보다 득하는 삶

取 가질 취 | 得 얻을 득

농업 혁명으로 잉여 생산물이 생겨난 이후의 인류의 역사는 더 많이 갖기 위한 투쟁으로 점철되었다. 그 역사는 현재 진행형이다. 수많은 사람들이 인생 대부분을 더 많이 얻고 소유하는 데 매진하고 있는 것을 보면 말이다.

'얻는다'라는 뜻을 가진 한자로 '取'와 '得'이 있다. 取는 '耳'(귀 이)와 손의 모양을 본뜬 '又'(또 우)가 결합한 모습인데, 마치 손으로 귀를 잡고 있는 듯하다. 사실 이 한자는 유래가 끔찍하다. 옛날 전쟁에는 적군을 죽인 전과로 인정받기 위해 죽인 사람의 귀를 잘랐다고 한다. 목숨을 건 싸움터에서 타인을 죽이고 내 것을 쟁취하는 것, 그것이 원래 取의 뜻이다. 승자독식이 횡행하는 오늘날의 경쟁 사회와도 닮았다.

得(얻을 득)은 '彳'(조금 걸을 척)과 '貝'(조개 패), 그리고 손 모양의 '寸'(마디 촌)이 합쳐진 한자다. 조개는 옛날에 귀중한 화폐로 이용되었는데, 해변가를 천천히 걷다가 조개를 손으로 줍는 장면이 그려진다. 여기서 '얻는다'라는 의미가 생겼다.

이렇게 보면 무언가를 얻는 방법은 취하는 것과 득하는 것, 두 가지로 나뉜다. 누군가를 밟고서라도 얻을 것인가, 해변가를 부지런히 걸으며 얻을 것인가. 나는 취하기보다 득하는 삶을 살고 싶다.

직장은 전쟁터다. 때로 내 승진과 출세를 위해 누군가의 귀를 자르고 취하기도 하는 냉혹한 세계다. 대기업 임원은 단 1%만 살아남는 대단한 자리다. 하지만 그만한 능력도 없을 뿐더러, 적성과도 맞지 않다는 걸 일찌감치 깨달았다. 열심히 해변가를 다니며 조개를 득하기 위해 이리저리 글도 써보고 강의도 해보려 애쓰며 사는 이유다. 쉬운 길은 아니지만 그래도 이 길이 나에게는 더 맞는 듯 싶다.

다행스럽다. 취하는 것 말고 득할 수 있는 선택지도 주어져서. 그리고 남들보다 조금 덜 얻고 살아도 그리 나쁘지 않겠다는 마음을 가실 수 있어서.

✦ 정확하게 쓰기 ✦

가질 취

부수	又 (또우, 2획)
모양자	又(또 우)＋耳(귀 이)
장단음	취:
총획수	8획

얻을 득

부수	彳 (두인변, 3획)
모양자	彳(조금 걸을 척)＋룩(그칠 애)
총획수	11획

✦ 따라 쓰며 마음에 새기기 ✦

가질 취

얻을 득

✦ 떠올리며 기록하기 ✦

✳ 나는 취(取)하는 사람인가, 득(得)하는 사람인가?

✳ 정확히 30년 후, 나는 무엇을 가진 사람이 되고 싶은가?

✳ 그것을 가지기 위해 나는 무슨 노력을 할 것인가?

리더의 책임

責 꾸짖을 책 | 任 맡길 임

미군의 아프가니스탄 철군 작전이 수행되었을 때 마지막 장면을 담은 사진이 큰 화제가 되었다. 현장에서 가장 마지막으로 빠져나온 사람이 작전의 최고 책임자인 투스타인 크리스토퍼 도나휴 소장이었기 때문이다. 만약 우리나라 군대였다면 같은 모습이었을까? 예전에 읽었던 어떤 카투사의 군복무 이야기를 떠올려 보면 아마도 아닐 것이다.

폭설이 내린 날, 동시에 내려진 한국군과 미군의 지침은 달랐다. 병사는 전원 출근하고 장군은 대기하라는 한국군과 달리, 미군은 장군이 전원 출근하는 대신 병사는 출근하지 않고 대기했다. 한국군은 문제가 생기면 아래에서 위로 보고하는 체계인데 반해 미군은 권한과 책임이 더 많은 계급이 신속하고 정확하게 의사 결정하는 데 초점을 둔 체계이기 때문이다. 과연 어느 군대의 작전 수행 능력이 더 뛰어날까. 안 봐도 뻔하다. 어쩌면 '책임'이라는 단어의 어원이 다르기 때문일 수도 있겠다는 생각이 든다.

'責任'은 '責'과 '任'으로 구성된 단어다. 責은 '貝'(조개 패)와 '束'(가시 자)가 결합한 모습인데, 貝가 화폐로 이용되었다는 점을 고려하면 '가시 돋힌 돈'이라는 뜻이 된다. 가시 돋힌 돈, 즉 남한테 빌린 돈이라는 의미다. 돈을 빌렸으니 늘 돈 갚으라는 독촉에 시달린다. 그래서 꾸짖다는 뜻이 나왔다. 任은 '亻'(사람 인)이 '壬'(북방 임) 모양의 짐을 등에 짊어지고 있는 모습에서 '맡기다'라는 의미가 되었다. 이렇게 해석해 보면 책임의 뜻은 '꾸짖는 일을 맡기다'라는 뜻이 된다.

리더의 책임이 '아랫사람을 꾸짖는 것'이라고 본다면, 문제가 터졌을 때 리더의 가장 큰 관심사는 '누구의 잘못인가?'이고, 문제 해결 방법에 대한 고민은 후순위가 된다. 사장은 임원을 꾸짖고, 임원은 간부를 꾸짖고, 간부는 대리와 사원을 꾸짖고... 직장에서 쉽게 볼 수 있는 장면이다.

반면 책임이란 뜻을 가진 영어 'responsibility'의 어원은 '대답할 수 있어야 한다'는 의미의 라틴어 'respondere'다. 문제가 생겼을 때 해결 방법을 대답할 수 있는 능력에 방점을 둔 의미다. 그래서 누구의 잘잘못인지를 따지기에 앞서, 어떻게 해결해야 할지 답하는 리더십을 먼저 보여 준다. 직급이 올라가고 권한이 많아질수록, 리더의 문제 해결에 대한 책임도 강해진다. 가장 높은 책임자가 현장에 제일 먼저 도착하고 제일 마지막으로 철군하는 미군의 모습도 아마 이런 배경에서 나온 것이리라.

조직을 운영하다 보면 항상 어떤 문제든 생기기 마련이다. 문제에 책임지는 자리가 바로 리더다. 이때 책임의 뜻을 '責任'이 아니라, 'responsibility'에서 찾는다면 좀 더 훌륭한 조직 문화가 만들어지지 않을까.

꾸짖을 책

부수	貝 [贝] (조개패, 7획)
모양자	貝(조개 패)+ 丰(一)
총획수	11획

맡길 임

부수	亻 [人] (사람인변, 2획)
모양자	亻(사람인변 인)+ 壬(북방 임)
장단음	임:
총획수	6획

✦ 따라 쓰며 마음에 새기기 ✦

꾸짖을 책

맡길 임

✦ 떠올리며 기록하기 ✦

✳ 내가 책임져야 하는 일을 겪은 적이 있는가?

✳ 나는 권한과 책임이 모두 큰 것을 선호하는가, 반대로 모두 작은 것을
선호하는가? 그 이유는 무엇인가?

때로는 포기도 선택이다

忍 참을/잔인할 인 I 認 알/인정할 인 I 忘 잊을 망

'忍'은 '刃'(칼날 인)이 '心'(마음 심)을 찌를 듯이 겨누고 있는 모양의 한자다. 날카로운 칼날이 당장이라도 심장을 꿰뚫을 것 같은 상황을 견디고 있는 모습에서 '인내한다'는 뜻뿐만 아니라 '잔인하다'는 뜻도 함께 가진다.

직장 생활을 하다가, 또는 인생을 살다 보면 견디기 힘든 순간이 올 때가 있다. 정말 힘들게 들어간 직장인데 주어진 업무나 상사의 스타일이 나와 맞지 않아 엄청난 스트레스에 시달리는 경우처럼 말이다. 계속 참고 다녀야 할지, 그만두는 것이 맞을지... 그 순간에 어떤 선택을 해야 옳을까. 스스로 선택하고, 그 결과도 스스로 책임질 준비가 되었다면 어떤 선택이든 맞다고 본다.

단군 신화에서 100일간 쑥과 마늘만 먹으며 인간이 된 곰의 인내심은 대단하다. 중간에 굴을 뛰쳐나간 호랑이는 패배자처럼 보인다. 그런데 그 후 호랑이는 과연 불행한 삶을 살았을까? 혹시 자신과 어울리는 다른 호랑이를 만나 행복하게 살지 않았을까? 인간이 되기를 포기한 호랑이도 자신의 선택과 결단을 따랐을 뿐이기에 그 후의 삶이 어땠을지 우리가 함부로 단정지을 수 없다.

쑥과 마늘만 먹으며 끝까지 견디기로 결심한 것이 하나의 선택이라면, 그것을 포기하는 것도 하나의 선택이다. 어떤 선택이든 결과를 감내하고 이어지는 인생을 계속 열심히 사는 것이 중요하다. 忍 옆에 '言'(말씀 언)이 오면 '認'이 된다. 참겠다고 말하든 포기하겠다고 말하든 상황을 그대로 인정하고 선택에 따른 결과도 그대로 인정하는 것이 중요하다.

心(마음) 위에 날카로운 刃(칼날)이 오는 것이 참는다는 뜻의 忍이라면, 날카로운 刃(칼날) 대신 무뎌져서 쓸모없는 칼날 모양, 망했다는 뜻의 '亡'(망할 망)이 오면 **'忘'**이 된다. 끝까지 견디는 것만이 유일한 선택지가 아니다. 때로는 포기하고 잊어버리는 것도 훌륭한 선택지가 될 수 있다. 어디까지나 스스로 결정한 것이라는 전제하에 말이다.

✦ 정확하게 쓰기 ✦

참을 / 잔인할 인

부수	心 [忄,⺗] (마음심, 4획)
모양자	心(마음 심)＋刃(칼날 인)
총획수	7획

인정할 인

부수	言 [訁,讠] (말씀언, 7획)
모양자	言(말씀 언)＋忍(참을 인)
총획수	14획

잊을 망

부수	心 [忄,⺗] (마음심, 4획)
모양자	心(마음 심)＋亡(망할 망)
총획수	7획

✦ 따라 쓰며 마음에 새기기 ✦

참을 / 잔인할 인

인정할 인

잊을 망

✦ 떠올리며 기록하기 ✦

✳ 지금 힘들어도 미래를 위해 참는 것이 옳은가, 현재의 감정에 더 충실한 것이 옳은가?

✳ 내가 어떤 선택을 하든 그 결과에 대해 스스로 감당할 준비가 되어있는가?

✳ 매우 힘든 상황을 겪을 때 나는 돌파하는 사람인가, 피하는 사람인가?

라떼는 용이야!

龍용 용 | 龘두 마리 용 답 | 龘龘용 가는 모양 답 | 龘龘龘수다스러울 절

한자 4개를 한 번에 배울 수 있는 이야기 하나.

예전에 알고 지내던 차장님이 계셨다. 우연히 이야기를 나누게 됐는데, 이분의 인생 스토리가 실로 어마어마했다. 숱한 어려움을 딛고 노력 하나로 여기까지 온 것이 대단해 보이면서 뒤로 아우라와 함께 용 한마리가 날아다니는 듯했다. 전설 속 신비의 동물인 '龍'같은 멋짐 폭발!

다음 날 차장님을 다시 만났다. 전날 내가 감명 깊게 듣는 모습이 기분 좋으셨던지, 또 이야기를 시작. 여전히 멋지긴 하지만 비슷한 이야기를 또 듣고 있자니 슬슬 피곤해지기 시작하더라. 어제 그 龍 한 마리에 이어 龍 한 마리가 더 날아다니기 시작한다. '龘'이라는 한자가 머릿속에서 빙글빙글.

또 그 다음 날, 이번엔 그 차장님이 날 먼저 찾아왔네? 그리고는 또 이야기를 시작한다. 라떼는 말이야… 아니, 라떼는 용이야… 이제 세 마리의 용이 날아다니기 시작. 용 세 마리로 만들어진 한자 '龘龘'! 용이 날아가는 모양을 표현한 이 한자처럼, 이제 이야기는 하나도 안들리고 입을 벙긋벙긋하는 것만 보인다. 아, 정말 그만 듣고 싶다!

그리고 또 다음 날, 또 신나게 자기 이야기를 하시는 차장님… 이제는 용이 네 마리가 되어버린 이 한자가 바로 '龘龘龘'! 그렇다, 이 한자는 수다스럽고 말이 많다는 뜻이다.

한자 네 개를 한번에 배우기 참 쉽지 않은가? 그리고 오늘의 교훈. 아무리 멋진 비룡의 자태처럼 훌륭한 이야기라도 또 듣고 또 들으면 수다스럽게 들릴 뿐이다. '라떼는 용이야'는 한 번이면 족하다고요.

✦ 정확하게 쓰기 ✦

용 용

부수	龍 [龙,竜] (용룡, 16획)
모양자	肙(추) + 卜(一) + 三(석 삼) + ㄴ(숨을 은)
총획수	16획

✦ 따라 쓰며 마음에 새기기 ✦

용 용

두 마리 용 답

용 가는 모양 답

수다스러울 절

✦ 떠올리며 기록하기 ✦

✳ 어떤 사람이 '꼰대'라고 생각하는가?

✳ '스스로 옳다는 자기 확신이 있는 사람만이 성공할 수 있다'는 말에 동의하는가?

조직관리, 어떻게 해야 할까

仁 어질 인 | 伍 다섯 사람 오 | 仇 원수 구 | 什 열 사람 십

'亻', 즉 '人(사람 인) 옆에 어떤 숫자가 오느냐에 따라 각각 다른 한자가 만들어진다. 뜻을 잘 살펴보면 조직 구성원 숫자가 늘어남에 따라 어떻게 조직을 관리하는 것이 좋을지 힌트를 얻을 수 있다.

人(사람)이 '二'(두)명 모이면 '仁'이다. 친밀한 관계에 있는 두 사람을 의미한다. 仁은 사람이 사람을 대할 때 기본적으로 가져야 하는 마음을 의미하기에, 어질다는 뜻을 가지게 되었다. 두 사람이 모인 조직, 즉 소규모의 초기 스타트업이 이런 형태라 할 수 있을 것이다. 딱히 규율이 없더라도 끈끈하고 친밀한 관계만으로 조직은 운영될 수 있다. 대략 50명 정도까지는 이런 형태로 운영하는 것이 가능하다고 본다.

人이 '五'(다섯)명 모이면 '伍'다. 이 한자는 군대 행렬 대오(隊伍)의 의미를 가진다. 다섯 명씩 한 줄로 늘어서서 행군하는 군대를 생각해 보면 된다. 조직이 커지면 모든 구성원 간 소통이 점점 어렵기 때문에 친밀한 관계만으로 운영하는 것이 어려워진다. 대오를 지어 걷는 것처럼, 최소한의 룰 세팅이 필요한 시점이다. 또한 대오에서 이탈하는 직원이 생기지 않도록 인센티브 체계를 잘 만들어야 한다.

이보다 사람이 더 늘어나 '九'(아홉)명이 되면 '仇'가 된다. 9명이 되니 느닷없이 '원수', '적' 등의 뜻을 가진 한자로 돌변하는 것이 흥미롭다. 사람이 늘어나면서 내 옆의 동료는 치열한 경쟁자로 변하고 사내 정치도 발생하는 씁쓸한 현실을 반영하는 듯하다. 권력이 있는 곳에 정치가 생겨나기 마련이기에 조직이 커질수록 권한을 적절히 분산시킨 시스템을 구축해야 한다. 사람이 2명일 때는 어질다가(仁), 9명까지 늘어나면 왜 원수(仇)가 된다고 하는

지, 근본적인 이유를 곰곰이 잘 생각해 볼 일이다.

이제 十(열)명이 모여 '什'이 되었다. 회사의 규모가 무척 커졌다. 이 한자에는 열 명이라는 뜻뿐만 아니라 '난잡하다'라는 뜻도 있다. 규모가 커질수록 조직관리가 어려워짐을 여실히 보여 준다. 그렇다면 어떻게 관리하는 것이 좋을까? 초창기 임직원 수가 60여 명이었다가 천 명을 돌파한 회사 토스의 사례를 참고해 볼 만하다.

"토스는 조직 구조로 보면 평평한 조직이며 매니저가 거의 존재하지 않는다. 성과 평가가 없고 매니저가 직원 평가를 하지 않는다. 의사결정 구조도 애자일(agile)하다. 톱다운 방식이 아니라 팀의 합의로 결정되고 이행된다. 각자 담당 업무에 있어 개인이 담당자이자 최고 의사 결정권자다. 그렇기 때문에 인사관리에 있어 투명성이 중요했다"고 밝혔다.
(디지털 데일리, 2021.9.9)

결국 핵심은 구성원들에게 최고 의사 결정권을 갖도록 하는 조직 수평화와 권한 분산에 있다. '什'에는 '세간살이'라는 뜻이 하나 더 있다. 직원 열 명이 개인인 동시에 각각 세간살이가 되어 자기 책임과 주도하에 열심히 일하도록 판을 깔아주는 회사. 이런 회사가 직원들 입장에서는 더 다닐 맛나는 회사가 아닐까.

✦ 정확하게 쓰기 ✦

어질 인

부수	亻 [人] (사람인변, 2획)
모양자	亻(사람인변 인) + 二(두 이)
총획수	4획

다섯 사람 오

부수	亻 [人] (사람인변, 2획)
모양자	亻(사람인변 인) + 五(다섯 오)
장단음	오:
총획수	6획

원수 구

부수	亻 [人] (사람인변, 2획)
모양자	亻(사람인변 인) + 九(아홉 구)
총획수	4획

열 사람 십

부수	亻 [人] (사람인변, 2획)
모양자	亻(사람인변 인) + 十(열 십)
총획수	4획

✦ 따라 쓰며 마음에 새기기 ✦

어질 인

다섯 사람 오

仇 仇 仇 仇

원수 구

什 什 什 什

열 사람 십

✦ 떠올리며 기록하기 ✦

✳ 조직관리가 쉽지 않은 이유는 무엇인가?

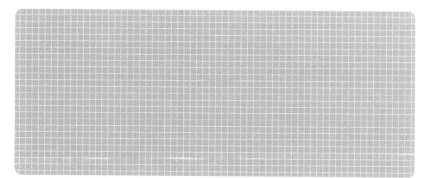

✳ 내가 회사 대표라면, 어떤 조직 문화를 가진 회사로 만들고 싶은가?

주식에 울고 웃고
忐 마음 허할 탐 | 忑 마음 허할 특

많은 직장인이 그러하듯, 나 또한 소소하게 주식 투자를 한다.

즐기던 게임이 해외에 성공적으로 진출했다는 뉴스를 보고는 이 회사 주식을 살까 해서 봤는데, 역시나 이미 9퍼센트나 올라 있었다. 그냥 단념하고 다음날 다시 보니 이번엔 3퍼센트 정도 하락했다. '역시 바로 안 사길 잘했어!'라고 애써 스스로 위로하며 좀 더 떨어지면 사리라 마음을 먹는다. 그런데! 바로 그 다음날 이 주식이 무려 상한가를 찍어버렸다. 어디선가 알 수없는 슬픔이 밀려온다. 주가 상승과 함께 내 마음도 끓어오른다.
게다가 내가 가진 몇 안 되는 소소한 주식은 전부 새파란 색이다. 주가 하락과 함께 내 마음도 내려앉는다.

끓어오르는(上) 마음(心)은 '忐'이고, 내려앉는(下) 마음(心)은 '忑'이다. 끓어오르든, 내려앉든 마음이 허해지는 것은 매한가지다.

월급쟁이로 살면서 큰 돈을 벌 기회는 사실상 거의 없다. 나도 직장인이라 주식에 어쩔 수 없이 관심이 가는 것은 인지상정. 다만 스스로에게 말해 본다. 물론 피 같은 돈이니 아주 쉬운 건 아니지만, 그래도 오르락내리락하는 주식에 너무 일희일비하지는 말자고. 주식에 인생의 주도권을 넘길 만큼 무리한 투자는 하지 말자고.

마음을 쉽사리 忐하게도 忑하게도 내몰지 말자고.

✦ 정확하게 쓰기 ✦

마음 허할 탐

부수	心 [忄, 㣺] (마음심, 4획)
모양자	心(마음 심)＋上(윗 상)
총획수	7획

마음 허할 특

부수	心 [忄, 㣺] (마음심, 4획)
모양자	心(마음 심)＋下(아래 하)
총획수	7획

✦ 따라 쓰며 마음에 새기기 ✦

마음 허할 탐

마음 허할 특

✦ 떠올리며 기록하기 ✦

✽ 누군가가 주식이나 가상화폐로 큰돈을 벌었다는 이야기를 들으면 무슨 생각이 드는가?

✽ 나는 어떤 순간에도 평정심을 잘 유지하는 사람인가?

✽ 내 인생의 주도권은 나에게 있는가? 나에게 없다고 느낀다면 그 이유는 무엇인가?

함께 걷는 사람이 되어 주세요

促 재촉할 촉 | 從 좇을 종 | 徒 무리 도

"이게 다 너 잘 되라고 하는 말이야."
"나는 너만할 때 말이야, 더 힘든 상황도 견뎌냈어."
"그래도 내가 널 아끼니까 이런 충고도 해주는 거야."

직장에서 이런 장면 본 적 있지 않은가? 오늘도 뭐가 마음에 안 드는지 팀원을 불러다가 끊임없이 잔소리하는 팀장님. 그러면서 다 관심이 있으니까, 아끼니까 하는 말이라고 덧붙인다. 다른 사람(亻)의 발걸음(止)을 입(口)으로 재촉하는 듯한 한자 '促'처럼. 하지만 아무리 재촉해도 달라지는 게 없고, 잔소리가 일상이 되어 버렸다면 소통 방식을 달리해볼 필요도 있다.

이렇게 해보는 건 어떨까? 두 사람(从)이 나란히 발 맞추어(止) 천천히 걸어가는(亻) '從'이라는 한자처럼, 무작정 끌거나 밀려고만 하지 말고 팀원의 발을 맞추어 천천히 함께 걸어 보기로 결심하는 것이다. 속으로 좀 답답할 수 있어도 좀 더 믿고 시간을 주기로 하면서.

그도 나름대로는 정말 잘하고 싶고 칭찬도 듣고 싶을 텐데, 어쩌면 많이 속상하고 힘들지 모른다. 직장 생활이 꽃길은커녕 무척 거칠고 울퉁불퉁한 흙길로 느껴질지 모른다. 이럴 때 팀장이기 전에 먼저 좋은 동료가 되어주는 것은 어떨까? 흙길(土)을 발 맞추어(止) 함께 천천히 걸어가는(亻) '徒'말이다. 힘든 길을 함께 걸어줄 수 있는 사람이라면 누구나 좋은 동료라고 감히 말할 수 있다.

팀장이든 팀원이든, 터놓고 보면 사실 똑같이 애처로운 월급쟁이 신세다. 결국은 같은 목적으로 만난 비즈니스 관계일 뿐이다. 그러니 무작정 다그치고 혼내기보다 동반자라는 마음으로 대한다면 어떨까? 잔소리보다 격려를, 충고나 응원을 보낸다면 어떨까?

✦ 정확하게 쓰기 ✦

재촉할 촉

부수	亻 [人] (사람인변, 2획)
모양자	亻(사람인변 인) + 足(발 족)
총획수	9획

좇을 종

부수	彳 (두인변, 3획)
모양자	彳(조금 걸을 척) + 从(좇을 종) + 龰(一)
장단음	종(ː)
총획수	11획

무리 도

부수	彳 (두인변, 3획)
모양자	彳(조금 걸을 척) + 走(달릴 주)
총획수	10획

✦ 따라 쓰며 마음에 새기기 ✦

促 促 促 促

재촉할 촉

從 從 從 從

좇을 종

徒 徒 徒 徒

무리 도

✦ 떠올리며 기록하기 ✦

✳ 팀원을 이끌어야 하는 리더의 입장이라면, 관리와 자율 중에서 무엇이 더 중요하다고 생각하는가?

✳ '믿고 기다려주는 리더십'이란 무엇일까?

✳ 팀원의 인성과 실력 중 무엇이 더 중요하다고 생각하는가?

무엇을 위한 팀워크인가

劦 합할 협 | 協 화합할 협 | 脅 위협할 협

개인의 힘(力)은 약하다. 하지만 '力'(힘 력)을 모으고 모으고 또 모으면 '劦'이 된다. 작은 힘들이 함께 모일 때 놀라운 힘을 발휘하는 것을 종종 본다. 특히 약자들이 모여 사회적 변화를 이끌어내는 연대의 힘은 무척 대단하다. 문제는 무엇을 위해 힘을 모으느냐에 있다.

'協'은 '화합하다', '돕다', '협력하다' 등의 뜻을 가진 한자로 '十'(열 십)과 3개의 力, 劦이 합해진 모습이다. 예수가 세상의 죄를 대신해 죽은 희생의 상징 십자가 모양 옆에 劦이 모였다는 게 자못 흥미롭지만 물론 기독교 신앙과 관련된 한자는 아니다. 十만큼 많은 사람이 함께 힘을 합한다는 뜻으로 보는 게 타당하다. 또 十이라는 공동의 목표를 향해 劦(힘을 합치)는 것으로 해석해도 괜찮을 것 같다. 어떤 해석이든 공동선을 위해 힘을 모으는 모습이다.

똑같이 세 개의 力(힘)인 劦이 모였지만 완전히 다른 뜻이 되는 한자도 있다. 劦 아래에 '月'(육달 월)이 있는 '脅'이다. 月은 고기를 의미하며 먹을 것을 뜻하는 것처럼 보인다. 밥그릇을 지키기 위해 힘을 모으면서 남에게 으름장 놓는 모습이다.

協에는 큰 힘이 있다. 회사에서는 그것을 팀워크라 부른다. 1인당 매출액 565만 달러(2018년 기준)를 달성할 만큼 엄청난 생산성을 자랑하는 세계적인 게임사 슈퍼셀의 핵심 가치는 이것이다. "The best teams make the best games." 최고의 팀이 최고의 게임을 만든다, 바로 팀워크의 힘이다. 공동의 목표를 향해 힘을 모아야 하는 직장에서 팀워크의 중요성은 아무리 강조해도 부족함이 없다.

脅도 協과 마찬가지로 힘을 모은다. 하지만 오로지 자신의 이익을 위해서만 드러나는 팀워크다. 서로 편을 나누고 파벌을 만들어 밥그릇 쟁취를 위한 암투를 벌인다. 같은 편이었다가도 이해관계가 달라지면 언제든 쪼개져 사라지고 말 팀워크다.

자본주의 사회에서 자기 이익을 적극적으로 지키는 것이 무작정 비난할 일은 아니다. 사회에서든, 직장에서든 마찬가지. 다만 어느 정도 선에서 멈추어야 할 것인지는 무척 중요하다. 더 넓은 세상을 돌아보지 못하고 자기 집단의 이익에만 골몰한 나머지, 자신도 모르는 사이에 괴물로 변해가는 사람들이 이 땅에 얼마나 많은가.

✦ 정확하게 쓰기 ✦

합할 협

부수	力 (힘력, 2획)
모양자	力(힘 력(역))＋劦(좋을 좀)
총획수	6획

화합할 협

부수	十 (열십, 2획)
모양자	十(열 십)＋劦(합할 협)
총획수	8획

위협할 협

부수	月 [肉] (육달월, 4획)
모양자	月(육달월 월)＋劦(합할 협)
총획수	10획

✦ 따라 쓰며 마음에 새기기 ✦

합할 협

화합할 협

위협할 협

✦ 떠올리며 기록하기 ✦

✳ '최고의 팀'은 어떻게 만들어지는가?

✳ 팀워크를 통해 어려운 프로젝트를 성공해낸 경험이 있는가?

보고서 보고서, 또 보고서

形 모양 형 | 禮 예도 례

내 첫 직장은 보고서 형식을 어마어마하게 중요하게 생각했던 곳이었다. 한 장으로 잘 요약해야 하면서도 서체, 크기, 줄 간격 등 기준이 칼 같았다. 오탈자가 절대 없어야 하는 것은 물론이었다. 심지어 무척 중요한 보고서는 간격이 일정한지 자로 재보는 상사도 있었다. 나는 숫자를 다루는 재무 담당자인지라 보고서를 쓸 일이 잦지 않았지만, 이따금 써야 하는 상황이 생기면 정말 괴로울 따름이었다. 형식에 맞춰 보고서를 잘 쓰는 것이 무척 중요한 능력으로 평가받았다. 형식이 뭐라고, 내용만 충실하면 되지 왜 그렇게 형식을 중요하게 여겼을까.

형식을 의미하는 한자, '形'은 '幵'(평평할 견)과 '彡'(터럭 삼)이 합쳐진 모습이다. 여기서 눈여겨 볼 한자는 幵이다. 두 개의 '干'(방패 간)이 나란히 그려져 비슷한 모양임을 표현하면서 '모양'이란 뜻이 생겼다고 한다. 이 한자를 보면 쌍방이 서로 같은 것을 바라보고 이해할 수 있도록 만드는 매개가 형식이란 생각이 든다. 누군가 干이라 말했는데 상대방이 千(일천 천)이라 알아들으면 이해시키는 데 실패한 것이다. 상대방도 똑같이 干이라고 이해하도록 돕는 수단이 바로 형식이다.

형식이 중요한 이유는, 보고서의 본질이 결국 커뮤니케이션이기 때문이다. 똑같은 장면도 볼록 렌즈로 보느냐 오목 렌즈로 보느냐에 따라 다르다. 내용이 어떤 형식으로 담기는가에 따라 의도대로 잘 전달될 수도, 그렇지 않을 수도 있다. 오로지 형식에만 집착하면 안 되지만, 본질만 보라며 형식을 깡그리 무시하는 것도 좋은 자세는 아니다.

예절을 의미하는 '禮'라는 한자도 보고서 형식과 관련이 있을 듯싶다. 신에게 제사를 지내는 제단을 표현한 한자 '示'(보일 시)와 그릇에 곡식이 가득 담긴 모습의 '豊'(풍성할 풍)이 합해 만들어졌다. 제물을 풍성하게 차리고 제사를 지내는 과정이 바로 禮이다. 내용과 형식을 함께 갖추어 극진히 제사를 지내는 마음이 엿보인다.

좋은 보고서에는 禮가 담겨 있다. 스스로도 정말 애정 있고 중요하게 여기는 프로젝트 보고서라면 누가 시키지 않아도 내용뿐 아니라 형식에도 크게 심혈을 기울이기 마련이다. 이렇게도 해보고, 저렇게도 수정해 보면서 보고서를 멋지게 만들려 하고, 윗분의 마음에 들게 꼭 통과시키겠다는 혼신의 의지를 담을 것이다. 문제는 작성하기 싫은 보고서도 써야 한다는 것이다. 그래도 먹고살려면 어쩌겠나.

직장인의 65.4퍼센트가 보고서 때문에 스트레스를 받고, 업무 시간의 3분의 1을 보고서 작성에 할애한다는 설문조사 결과가 있다(매일경제, 2021.8.25). 오늘도 보고서 때문에 머리를 싸매고 있을 수많은 직장인에게 심심한 위로와 함께 건투를 빈다.

✛ 정확하게 쓰기 ✛

모양 형

부수	彡 (터럭삼, 3획)
모양자	彡(터럭 삼)+开(열 개)
총획수	7획

예도 례

부수	示 [礻] (보일시, 5획)
모양자	示(보일 시)+豊(풍년 풍)
총획수	18획

✛ 따라 쓰며 마음에 새기기 ✛

모양 형

예도 례

✦ 떠올리며 기록하기 ✦

✳ 큰 회사일수록 보고서를 중요하게 여기는 이유는 무엇일까?

✳ 내용만 훌륭하면 형식은 그다지 중요하게 다루지 않아도 된다고 생각하는가?

스타트업 직원으로 살아남는 법

勤부지런할 근 | 怠게으를 태

대기업을 다니다 스타트업으로 이직해 보니 다른 점이 무척 많다. 큰 회사에서 날고 기던 사람들도 스타트업에 와서는 적응에 실패하는 경우가 상당히 많다는데, 그럴 만하다는 생각이 든다.

처음 적응이 어려웠던 것은 '업무 분장'이었다. 대기업은 조직에 따른 팀 간, 팀원 간 업무 분장이 명확하다. 각 담당이 최대한 세부적으로 구분되어야 업무의 회색지대가 발생하지 않기 때문이다. 하지만 스타트업은 다르다. 업무 분장이 있지만 절대적이지 않다. 인사팀 인원이 부족하다 싶으면 재무팀원도 같이 달려들어 뚝딱 해치워야 하고, 재무에 일손이 달린다 싶으면 이번엔 인사팀원이 함께 일을 끝낸다. 팀 간, 팀원 간의 구분 없이 끝낼 수 있는 일이면 같이 빨리 해치운다. 언뜻 보면 대기업은 업무 프로세스가 잘 갖추어져 있고 스타트업은 그렇지 않기 때문인 것 같지만, 근본 원인은 스타트업의 인적자원이 부족하다는 데 있다. 축구에 비유하면 전원 공격과 전원 수비의 토털 사커(Total Soccer)를 해야 하는 상황이다.

철저히 리더의 지시에 따라 움직이는 대기업과 달리, 스타트업에서는 본인이 주도해서 스스로 일해야 한다. 리더의 지시를 기다리고 있을 여유가 없다. 전체적인 방향은 리더의 의사결정에 따르되, 세부 사항 하나하나는 자신의 판단에 따라 빠르게 일처리를 해야 한다. 스타트업은 모든 일이 무척 빠르게 돌아가고 잠시라도 멍 때리다가는 흐름을 놓치기 십상이다.

그렇기에 스타트업에서 특히 중요한 덕목은 '勤'이요, 가장 주의해야 할 것은 '怠'다. 怠는 '台'(별 태)와 '心'(마음 심)이 합해진 한자인데, 台는 수저를 입에 갖다 대는 모습이다. 가만히 입 벌리고 누가 내 입에 떠넣어 주기를 바

어른의 한자력

라는 마음은 스타트업에서 절대 금지다. 리더가 나에게 업무를 지시하기를 기다리고, 세밀한 업무 분장을 만들어 주길 바랄 때까지 기다리면 적응 실패각이다.

'堇'(진흙 근)을 '力'(힘)으로 열심히 쟁기질하는 모습의 한자 勤처럼 더 부지런해야 한다. 쟁기질이 설혹 삽질처럼 보이고, 나중에 정말 삽질이었던 것으로 판명되는 한이 있더라도 일단 움직여야 한다. 무엇보다 실행이 중요한 곳이 스타트업이다. 판단이 맞을까 틀릴까 고민만 하고 있기에는 시간과 자원이 절대 부족하다. 먼저 깃발을 꽂는 것이 중요하기에 일단 뛰고 보아야 한다. 우물쭈물하다 타이밍을 놓치는 것보다, 일단 해보고 아니면 재빨리 다른 선택을 하는 편이 더 낫다.

스타트업에서 살아남으려는 사람이라면 반드시 기억해야 할 것. 가슴에 勤을 새기고 怠를 버려라. 아직 열심히 적응 중인 나에게도 등짝 스매싱을 때리며 하는 말이다.

✦ 정확하게 쓰기 ✦

부지런할 근

부수	力 (힘력, 2획)
모양자	力(힘 력(역))＋堇(진흙 근)
장단음	근(ː)
총획수	13획

게으를 태

부수	心 [忄,㣺] (마음심, 4획)
모양자	心(마음 심)＋台(별 태)
총획수	9획

✦ 따라 쓰며 마음에 새기기 ✦

부지런할 근

怠　怠　怠　怠

게으를 태

✦ 떠올리며 기록하기 ✦

✳ 나는 대기업을 다니고 싶은가, 스타트업을 다니고 싶은가? 그 이유는 무 엇인가?

✳ 높은 완성도와 빠른 실행력 중 무엇이 더 중요하다고 생각하는가?

대표님, 덜 바쁘셔야 합니다

餘 남을 여 | 忙 바쁠 망

스타트업 대표는 매우 바쁘다. 일정표에는 하루종일 각종 회의, 외부 손님과 미팅 약속이 빼곡하다. 업무 진행 상황을 빠짐없이 체크해야 하고, 제때 빠른 의사 결정을 내려줘야 한다. 대표는 한 명이지만, 수십 명의 직원들 각자의 고충도 틈틈이 들어줘야 한다. 접대가 없는 날에는 직원들과 소주잔을 기울이면서. 스타트업은 인력이 부족하기에 웬만한 실무도 직접 한다. 타운홀 미팅 때 전체 직원 앞에서 발표할 프레젠테이션 자료도 만든다. 본인이 쳐내야 할 업무에 최소 3시간이 필요하면 적어도 3시간 전에 출근하고, 6시간이 필요하면 6시간 전에 출근한다. 한 번 더 말하는 게 무색하지 않을 만큼, '스타트업 대표는 매우 바쁘다'.

대표님과 저녁 식사 자리를 가졌던 적이 있다. 자신에게 해주고 싶은 조언이 있냐고 물으시길래 이 말씀을 드렸다.

"조금 여유를 가지셨으면 좋겠습니다."

'여유(餘裕)'라는 단어의 핵심은 **'餘'**라는 한자에 있다. '食'(밥 식)과 '余'(나 여)가 결합한 모습인데, 余에는 '나'라는 뜻도 있고 '남다'는 뜻도 있다. 余를 '나'라고 해석한다면 餘는 '내가 먹는 밥'이라 볼 수 있겠고, '남다'로 해석하면 '남긴 밥'이라 볼 수 있다.

밥을 먹는 것은 살기 위해 반드시 해야 하는 일이다. 스타트업 대표가 열심히 일하는 것도 회사가 성장하고, 돈을 벌고, 직원들 월급을 주기 위해서는 필수다. 그렇기에 여유를 가진다는 말은 밥을 남기는 것, 즉 반드시 해야 할 일을 남김을 의미한다. 해야 할 일을 하지 말라는 뜻이 아니다. 직원

어른의 한자력

들에게 일을 조금씩 나누고 내려놓을 수 있어야 한다는 의미다. 그래야 직원들도 함께 성장한다. 그렇게 남긴 밥을 직원들도 함께 먹어야 함께 성장하고 대표의 어깨도 덜 무겁다.

내 생각에 리더에게 가장 중요한 덕목 세 가지는 다음과 같다. '위임'과 '책임', 그리고 '의사 결정'. 리더는 실무하는 자리가 아니다. 의사를 결정하는 자리다. 이 과정에서 적절한 업무 위임과 그에 따른 책임이 매우 중요할 뿐만 아니라, 직원과의 상호 신뢰 과정에 큰 영향을 미친다.

안 그래도 바쁜 대표가 세세한 실무까지 다 챙기면 절대 여유가 생길 수 없다. 자신에게 주어진 시간은 의사 결정에 집중하고, '여유 부릴 수 있는' 시간을 확보해야 한다. 대표에게 여유는 노닥거리는 시간이 아니라, 회사 전체를 위해 부스터샷을 날리는 시간이다. 여유는 저절로 생기지 않는다. 밥을 남기는 것처럼, 의지를 갖고 쪼개고 쪼개어 시간을 만들어야 한다.

여유의 반대를 한자로 표현하면 '忙'이다. '忄'(마음)이 '亡'(망)한 게 바쁘다는 뜻이다. '마음이 망했다'. 뜻을 풀어보니 정말 적나라하지 않은가? 마음이 망하고 싶지 않다면, 여유를 갖자. 어떻게 해서든 무슨 수를 써서라도.

✦ 정확하게 쓰기 ✦

남을 여

부수	𩙿 [食,𩙿,𠂔] (밥식4, 9획)
모양자	𩙿(밥식 식)+余(나 여)
총획수	16획

바쁠 망

부수	忄 [心,㣺] (심방변, 3획)
모양자	忄(심방변 심)+亡(망할 망)
총획수	6획

✦ 따라 쓰며 마음에 새기기 ✦

남을 여

바쁠 망

어른의 한자력

✦ 떠올리며 기록하기 ✦

✳ 내 삶은 여유가 있는 편인가?

✳ 계속해서 바쁘게 살고 있다면 그 이유는 무엇인가?

✳ 여유로운 삶을 살기 위해 지금 나에게 가장 필요한 것은 무엇인가?

리더의 진정한 능력

勇 날랠 용 | 智 지혜 지 | 德 덕 덕 | 福 복 복

"용장(勇將)은 지장(智將)을 이기지 못하고, 지장은 덕장(德將)을 이기지 못하며, 덕장도 복장(福將)에게는 이기지 못한다". 손자병법에 나오는 말이다. 손자는 이처럼 리더의 자질로 **'勇'**, **'智'**, **'德'**, **'福'**을 제시하며 우열을 두었다. 오늘날 리더들에게는 어떻게 적용할 수 있을까?

勇은 커다란 종(甬)을 들 수 있는 힘(力)을 가질 만큼 강하고 용기 있어서 '날래다', '용감하다', '강하다' 등의 뜻을 가졌다는 해석이 있다. 또 종 안이 텅 비어 있는 모습에서, 어떤 것이든 뚫는 기세를 의미한다고 볼 수도 있다. 이 한자를 보면 할리갈리라는 게임이 떠오른다. 조건에 맞는 카드가 나오면 재빨리 종을 쳐야 이기는 게임인데, 이 게임에 필요한 빠른 상황 판단과 의사 결정 능력은 오늘날 리더에게도 무척 중요한 자질이다. 리더에게는 과감한 용기가 있어야 한다. 신중함을 핑계로 결정을 질질 끌면서 시간을 허비하다가는 실패율만 올라간다. 경쟁사보다 먼저 종을 쳐야 시장에서 살아남는 스타트업이라면 특히 그렇다.

智는 날마다(日) 새로 아는(知) 능력이다. 예전에는 리더가 겪어 온 방대한 경험과 지식이 절대적이었다. 하지만 지금은 인터넷을 통해 누구나 쉽게 정보를 얻을 수 있고, 지식도 하루가 다르게 변한다. 예전에 유용했던 지식도 하루아침에 쓸모없어져 버린다. 리더의 권위는 단순히 자리에서 오는 것이 아니라 팀원들보다 하나라도 더 많이 알고 판단할 줄 아는 능력에서 온다. 그런데 리더의 지식이 구습에 갇혀서 하나도 발전된 게 없다면 권위는 깨지기 시작할 것이다. 이런 리더가 보일 행동은 안 봐도 뻔하다. '라떼는 말이야'라며 잘 나갔던 시절만 계속 떠든다. 어떻게든 권위를 지키려 애쓰는 꼰대가 되거나, 실력 있는 후배를 견제하며 정치질을 하는 리더가 되고 싶지

어른의 한자력

않다면 날마다 공부하고 새로 알아야 한다.

 德은 곧은(直) 마음(心)으로 천천히 걸어가는(彳) 것이다. 어떻게 해서든 성과를 내고 승리를 쟁취한 사람만이 살아남는 오늘날 무한 경쟁 시대에 어울리지 않는 모습일지도 모른다. 하지만 덕을 갖춘 리더의 진면목은 '일희일비(一喜一悲)'하지 않는 데서 나온다. 잠깐의 유불리에 따라 조급해하지 않는 여유에서 나온다. 자신에 대한 믿음, 그리고 주변의 동료들에 대한 믿음이 굳건한 사람만이 가질 수 있는 자질이다. 팀원이 실수를 하더라도 기회를 주고 기다려 주는 리더, 솔선수범하고 앞장서는 모습으로 자발적인 열정을 이끌어 내는 리더, 문제가 생겼을 때 책임 소재를 따지기보다 해결에 집중하는 리더, 팀원들에게 업무를 위임하되 결과에 책임지는 리더. 그런 리더를 덕장이라 부른다. 덕장을 만난 팀원들은 일할 맛이 난다.

 福은 술이 가득 담긴 항아리(畐)를 놓아둔 제단(示)을 표현한 한자다. 즉 정성을 담아 신에게 복을 기원하며 제사를 지내는 모습이다. 복장은 항상 기도를 열심히 하라는 뜻인가? 그보다는 '기도하는 마음'에 더 포커스를 두어야 할 것이다. 진심으로 기도하는 자세처럼, 매사 진정성을 담아 함께 일하고 사람을 대하는 리더다. 그런 리더에게는 매력이 넘친다. 진심으로 사람을 대하니 주위에 좋은 사람들이 모이고 훌륭한 팀을 이룬다. 자신의 부족한 틈을 메워줄 수 있는 인재들, 그들이 바로 리더에게는 큰 복(福)이다. 흔히 복장을 운장(運將)과 일치시키며 운이 좋은 리더 정도로 생각하지만, 사실 운도 가만히 있는데 그냥 생겨 날 리 없다. 기도하듯 진실한 마음으로 수위 사람과 자신을 대한 결과다.

네 한자를 이렇게 해석하고 보니, 勇보다는 智를, 智보다는 德을, 德보다는 福을 더 강조한 이유가 조금이나마 이해된다. 福으로 갈수록 리더 개인의 실력보다 주위 사람들, 팀원들과 한 팀을 이루는 능력이 점점 더 중요해진다. 역시 한 사람의 힘보다 한 팀의 힘이 더 강하다. 그것을 만들어내는 리더야말로 최고의 리더다.

✛ 정확하게 쓰기 ✛

날랠 용

부수	力 (힘 력, 2획)
모양자	甬(길 용) + 力(힘 력(역))
장단음	용:
총획수	9획

지혜 지

부수	日 (날 일, 4획)
모양자	日(날 일) + 知(알 지)
총획수	12획

덕 덕

부수	彳 (두인변, 3획)
모양자	彳(조금 걸을 척) + 悳(클 덕)
총획수	15획

복 복

부수	示 [礻] (보일시, 5획)
모양자	示(보일 시) + 畐(가득할 복)
총획수	14획

✛ 따라 쓰며 마음에 새기기 ✛

날랠 용

지혜 지

德 德 德 德

덕 덕

福 福 福 福

복 복

✦ 떠올리며 기록하기 ✦

✳ 勇, 智, 德, 福 중에서 리더에게 중요하다고 생각하는 자질을 순서대로
적어보자.

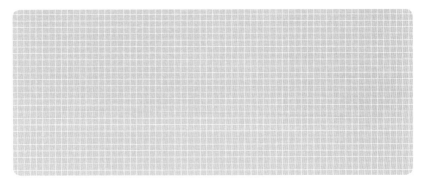

✳ 나와 함께 일하는 리더는 어떤 유형의 인물인가?

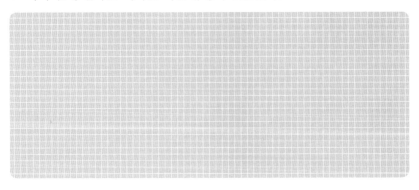

어른의 한자력

회사에서 좋은 사람, 나쁜 사람

善 착할 선 | 惡 악할 악 / 미워할 오

회사에서 좋은 사람 혹은 나쁜 사람을 판단하는 기준은 무엇일까? 다른 동료에게 친절하고 일을 잘 도와주는 사람은 착한 사람, 갑자기 화를 벌컥 벌컥 내고 괴롭히는 사람은 나쁜 사람일까? 물론 맞는 말이다. 다만, 그런 사람들은 회사에서 뿐만 아니라, 어디를 가나 마찬가지일 확률이 높다.

'회사에서' 좋은 사람 혹은 나쁜 사람을 판단하는 기준은 커뮤니케이션 능력에 있다. 직장에서는 실력, 평판, 대인관계... 모든 것이 중요하지만 그것을 평가하는 전제는 소통 능력에 달려 있다. 소통과 공유를 얼마나 잘하는지에 따라 주위 동료들은 그를 함께 일하기 좋은 사람, 혹은 나쁜 사람으로 평가한다. 이는 자연스러운 일이다. 1인 기업이 아닌 이상 회사는 개인이 아닌 팀으로 함께 일하고 성과를 내는 곳이기에.

'착하다', '좋다', '사이가 좋다' 등의 뜻을 가진 **善**은 '口'(입 구)와 '羊'(양양), '艹'(초두머리 초)가 결합한 한자인데, 단순히 보면 선한 양처럼 입으로 말하는 모습이다. 한자의 옛 형태인 금문에서는 '言'(말씀 언)이 들어 있었다는 것을 보면 이 한자의 뜻이 대화와 소통에서 왔다는 인상을 강하게 준다. 반면 '악하다', '나쁘다'라는 뜻을 가진 **惡**는 '亞'와 '心'(마음 심)이 합해진 한자인데, 亞(버금 아)는 사면이 담장으로 둘려 싸인 집에서 유래했다고 한다. 누구도 발을 들일 수 없는, 보기만 해도 답답할 정도로 꽉 막힌 모습이 연상되지 않는가? 이렇게 보면 善의 뜻과 정반대로 惡는 소통의 완벽한 단절에서 '나쁘다'는 뜻이 나왔다고 봐도 되겠다.

회사에서 동료들이 느끼는 선(善)과 악(惡)이란 결국 '소통' 여부에 달려 있음을 명심해야 한다. 직장 생활을 하다 보면 업무상 공유해야 할 정보도 홀로 독점하려는 직원이 간혹 있다. 단언컨대, 그는 실력에 자신이 없고 자기 입지에 불안감을 느끼는 중이다. 정말 실력 있는 사람은 자신의 지식과 정보를 적극 공유하면서, 동시에 동료의 피드백을 하나라도 더 받아들이려 애쓴다. 그러면서 계속해서 성장한다. 반면 그렇지 못한 사람은 자꾸 혼자 아는 영역을 만들려고 애쓴다. 정보의 독점에서 능력, 나아가 권력이 나온다 여기고 그것이 자신의 입지를 강화시켜 줄 것이라 믿기 때문이다. 이런 직원과 함께 일하고 소통해야 하는 동료들은 정말 괴롭고 힘들다. 악(惡)한 소통 방식은 동료들의 불만을 증폭시키고 급기야 서로 미워하는 관계가 된다. 조직에도 악영향을 끼치는 것은 물론이다. 한자 악(惡)은 '미워할 오'로도 불린다는 것을 기억하자. 혹시 동료들에게 미움을 받고 있다 느낀다면 소통 방식에 문제가 있는 것은 아닌지 돌아볼 일이다.

✦ 정확하게 쓰기 ✦

착할 선

부수	口 (입구, 3획)
모양자	口(입 구)＋羊(양 양)＋艹(초두머리 초)
장단음	선:
총획수	12획

악할 악/미워할 오

부수	心 [忄,㣺] (마음심, 4획)
모양자	心(마음 심)＋亞(버금 아)
총획수	12획

✦ 따라 쓰며 마음에 새기기 ✦

착할 선

악할 악/미워할 오

✦ 떠올리며 기록하기 ✦

✳ 내가 생각하는 '선함'과 '악함'의 기준은 무엇인가?

✳ '소통을 잘한다'는 것은 무슨 뜻일까?

✳ 소통과 성장은 어떤 관계가 있을까?

弘益伪努

세상을 살아가며
씁니다

손수레를 발로 차는 영상을 보고 있자니,
어쩌다 이런 세상이 되었나 참담한 마음이 들었다.

함께 살자

弘클 홍 ㅣ 益더할 익

역사에 기록된 우리나라 최초의 국가인 고조선이 건국 이념과 함께 세워진 나라라는 사실은 참 멋지다. 게다가 건국 이념인 '홍익인간(弘益人間)'의 뜻은 더욱 멋지다.

"널리 인간을 이롭게 한다."

'弘'은 활시위를 크게 당기는 모습에서 '크다', '넓다'는 뜻이 유래했다. '益'은 '皿'(그릇 명) 위로 '水'(물 수)가 그려져 그릇 위로 물이 흘러 넘치는 모습이다. 이렇게 한자를 해석한다면, 弘益이란 뜻은 물이 필요한 모든 곳에, 크고 넓은 곳에 물이 넘쳐 흘러가는 것이라 볼 수 있다. 그리고 그 물을 필요로 하는 존재인 인간(人間). 그 '인간'이란 범주에는 나도, 당신도, 우리 모두가 포함된다. 사람이라면 누구나 이 범주에 포함되고, 사람답게 살 권리를 가진다.

우리나라 최초의 건국 이념이 '약육강식(弱肉強食)'이나 '적자생존(適者生存)'이 아니라, '홍익인간'이라 다행스럽다. 서울대학교 75회 후기 학위 수여식에서 이어령 선생이 남기신 축사 일부를 옮겨 본다.

"오늘날 같은 경쟁사회에서는 나(自)에게 득이 되는 것은 남(他)에게는 실(失)이 되고 남에게 득이 되는 것은 나에게는 해가 되는 대립 관계로 형성되어 있었던 것이지요. 그래서 이것 아니면 저것의 이분법적 배재의 논리가 지배해 왔던 까닭입니다. 하지만 신기하게도 코로나 팬데믹으로 우리는 마스크의 본질과 그 기능이 그 어느 한쪽이 아니라 양면을 모두 통합한 것이라는 사실을 발견하게 된 것입니다. '나를 위해 쓰는 마스크는 곧 남을 위해서 쓰는 마스크'라는 공생 관계는 지금까지 생명의 진화를 먹고 먹히는 포식 관계에서 남을 착취하는 기생 관계로 해석해 왔던 편견에서 벗어날 수 있게 한 것입니다."

점점 민심이 팍팍해지는 세상이지만, 그래도 우리 주위에는 여전히 마음씨 고운 분들이 많이 남아 있고 가슴이 따뜻해지는 뉴스노 쿵쿵 들린다. 그때마다 나는 홍익인간의 DNA가 새겨진 국민이라는 자부심이 차오른다. 나의 생명과 남의 생명을 위해, 불편하기 짝이 없는 마스크지만 꼭 챙겨 쓰고 길을 나서는 우리들 모습에서 홍익인간 정신을 느낀다.

그렇게 나도 살고 남도 산다. 함께 살자.

✦ 정확하게 쓰기 ✦

클 홍

부수	弓 (활궁, 3획)
모양자	弓(활 궁)＋厶(사사 사)
총획수	5획

더할 익

부수	皿 (그릇명, 5획)
모양자	皿(그릇 명)＋八(여덟 팔)＋一(한 일)＋八(여덟 팔)
총획수	10획

✦ 따라 쓰며 마음에 새기기 ✦

클 홍

弘

더할 익

✦ 떠올리며 기록하기 ✦

✳ 경쟁과 협력 중에 무엇이 더 중요하다고 생각하는가?

✳ 나에게 있어 '물이 흘러 넘치는 크고 넓은 곳(弘益)'은 무엇인가?

스스로 말미암을 권리

自 스스로 자 | 由 말미암을 유 | 主 주인 주

자유(自由). 외부 구속이나 무엇에 얽매이지 않고 자기 마음대로 할 수 있는 상태. 인간의 가장 기본 욕구이지만, 유사 이래 누구나 그 권리를 누렸던 것은 아니었다. 일부에게만 허용되던 자유의 권리가 점차 더 많은 사람들에게 확대되어 온 역사가 곧 인류의 역사다.

'自'와 '由'라는 한자로 만들어진 단어 '자유'는 말 그대로 '스스로 말미암는' 것을 의미한다. 自는 원래 코를 의미했다고 하는데 아마 얼굴에서도 가장 중심에 있는 신체 기관이기에 나 자신을 의미하게 된 것으로 보인다. 그래서 자존심 강한 사람을 '콧대가 높다'고 말하는가 싶다.

'말미암다'라는 의미를 가진 由의 기원을 듣고 있자면 생각이 많아진다. 由는 방에서 불을 밝히는 등잔을 형상화한 글자다. 등잔 안에 충분한 기름과 심지, 그리고 작은 불씨만 있다면 등잔불은 계속해서 타올라 어두운 방 안을 밝힌다. 인간에게 자유는 빛이다. 빛을 위해 필요한 것은 열망이라는 기름, 올곧은 심지, 그리고 자각이라는 불씨다. 인간은 누구나 인간답게 살 권리가 있다는 자각, 타인의 권리를 침해하지 않는 한 누구나 자유롭게 살 권리가 있다는 자각이다. 등잔불이 타오르기 시작하면 불빛만큼 어둠은 물러간다. 더 많은 등잔불이 모이면, 어둠은 더 멀찍이 물러간다.

由와 비슷한 유래를 가진 한자가 또 있다. '主'는 긴 촛대 위의 촛불을 형상화한 글자다. '스스로 말미암는 것'과 '내 삶의 주인이 된다는 것'은 결국 같은 의미임을 보여 준다. 최선을 다해 내 인생을 살기. 내 인생의 주인납게 떳떳하게 살기. 우리가 누리는 자유가 거저 주어진 것이 아님을 안다면, 역사 위에서 쌓아 올려진 수많은 희생 덕분에 얻은 선물임을 안다면, 마땅히 가져야 할 삶의 태도가 아닐까.

✦ 정확하게 쓰기 ✦

스스로 자

부수	自 (스스로자, 6획)
모양자	/(삐침 별)＋目(눈 목)
총획수	6획

말미암을 유

부수	田 (밭전, 5획)
모양자	田(밭 전)
총획수	5획

주인 주

부수	丶 (점주, 1획)
모양자	丶(점 주)＋王(임금 왕)
총획수	5획

✦ 따라 쓰며 마음에 새기기 ✦

스스로 자

말미암을 유

주인 주

✦ 떠올리며 기록하기 ✦

✴ 나에게 자유는 무엇을 의미하는가?

✴ 나는 지금 자유롭게 살고 있다고 느끼는가?

✴ 가난하지만 자유로운 삶과 풍족하지만 자유가 없는 삶 중에서 무엇을 선택하고 싶은가?

손발 노동도 소중합니다

仂 힘쓸 력 | 努 힘쓸 노

"손발 노동은 이제 인도도 안 한다. 아프리카나 하는 것이다."

어떤 정치인이 했다는 말을 들으니, 인도 파견 근무 시절의 기억 한 장면이 떠올랐다. 외곽 국도를 따라 차로 이동 중이었다. 인부들이 중앙 분리대 같은 구조물을 페인트로 칠하는 작업이 한창이었는데, 순간 내 눈을 의심했다. 인부들이 붓도 없이 손바닥으로 페인트를 칠하고 있었던 것이다. 그야말로 '손발 노동'을 하고 있던 셈이다. 아마 인부에게 페인트 붓을 안 사줘도 싼 값에 부릴 수 있으니 그랬을 것이다. 고용주는 시장 논리에 따라 철저히 합리적인 행위를 한 것이지만, '인건비'를 따지는 동안 사람에 대한 최소한의 존중도 없는 모습에 슬픔이 밀려왔다.

그렇다면 우리 사회는 그런 모습이 아닐까. 스크린 도어를 수리하던 청년 노동자가 전동차 사이에 끼어 숨지고, 화력 발전소에서 일하던 청년 노동자가 컨베이어 벨트에 끼어 숨지고, 건설 노동자가 현장에서 추락해 숨지고, 택배 노동자가 쓰러져 숨지고, 외국인 노동자가 비닐하우스 숙소에서 홀로 숨지고... 그 이면에는 결국 비용 문제가 있지 않은가? 우리는 그런 모습에서 정말 자유로운가?

'힘써서 일한다'는 뜻을 가진 한자가 여러 개 있지만, 그중 두 개만 꼽아 보자. 하나는 '仂'이다. 사람(亻)이 힘(力)을 쓰는, 단순히 사람이 일하는 모습을 나타낸다. 또 하나는 '努'다. 종(奴)이 힘(力)을 쓰는, 노예가 일하는 모습이다. 둘 다 힘써 일한다는 뜻이지만 노동자를 사람 그 자체로 보느냐, 노예로 보느냐에 따라 유래가 다르다.

사람은 자신의 이익을 위하거나 타인의 이익을 위해 일한다. 자신과 타인의 이익에 조화롭게 기여하는 노동이 건강하다. 철저히 타인의 '이윤 창출'을 위한 일이라면, 그것은 사람이 일하는 것(仂)이 아닌, 노예가 일하는 것(努)일 뿐이다. 어떤 형태의 노동이든, 누구나 자신의 생명과 안전을 보장받는 환경에서 사람답게 일할 권리가 있음을 기억해야 한다. 한 연예인이 한 말이 생각난다.

　"젊음은 돈 주고 살 수 없어도 젊은이는 헐값에 살 수 있다고 보는 모양이다."

　이에 덧붙여 본다.

　"인권은 돈 주고 살 수 없어도 사람은 헐값에 살 수 있다고 보는 모양이다."

힘쓸 력

부수	亻[人] (사람인변, 2획)
모양자	亻(사람인변 인)+力(힘 력(역))
총획수	4획

힘쓸 노

부수	力 (힘력, 2획)
모양자	力(힘 력(역))+奴(종 노)
총획수	7획

+ 따라 쓰며 마음에 새기기 +

힘쓸 력

努 努 努 努

힘쓸 노

✦ 떠올리며 기록하기 ✦

✳ 회사에서 스스로 노예처럼 일한다고 느낀 적이 있었는가?

✳ 세상은 왜 공정하지 않을까?

✳ 노력과 보상은 비례한다고 생각하는가?

늦은 밤, 다시 불이 켜지길

營 경영할 영 | **煢** 근심할 경

'노동'에 '勞'(일할 노)가 들어간다면, 경영에는 **'營'**이 들어간다. 이 한자는 '熒'(등불 형) 아래에 '宮'(집 궁)이 들어가, 집에 불을 켜고 밤늦도록 일하는 모습을 표현한다. 노동자를 뜻하는 勞가 단순히 힘쓰는 일을 하고 있다면, 경영자를 뜻하는 營은 '집'이라는 생산 수단을 갖고 일하는 것이 차이다. 생산 수단이 있냐 없냐에 따라 프롤레타리아(무산 계급)와 부르주아(유산 계급)를 표현하는 한자라고 하는 건 조금 유난스러울지도 모르겠지만 꽤 그럴싸해 보인다.

나는 월급쟁이로만 살아와서 잘은 모르지만, 스타트업에서 일해 보니 경영이 특히 어렵다는 것을 실감한다. 고객의 니즈를 잘 파악해 시장에 팔리는 제품을 만들어 내기도 어렵지만, 나라에서 정한 규제도 잘 이해하고 있어야 한다. 한 달에 한 번은 반드시 직원들 월급날이 돌아오고, 힘들게 구한 직원이 갑자기 그만둘까 늘 전전긍긍한다. 코로나19처럼 예기치 못했던 일이라도 터지면 완벽했던 계획도 모두 헝클어져 버리며 위기가 한순간에 쓰나미처럼 몰려온다. 속상한 일이 있을 때 직원들은 서로 마음을 털어놓을 수 있지만, 대표는 직원들 앞에서 흔들리지 않는 모습을 보여줘야 한다. 대표는 무척 외롭고 힘든 자리다.

오랜 시간 동안 우리를 힘들게 한 코로나19가 특히 괴롭힌 사람은 자영업자들이 아니었을까 싶다. 自營業(자영업), 자신이 직접 사업을 경영하는, 동네 어디서나 쉽게 볼 수 있는 식당 사장님, 마트 사장님, 세탁소 사장님 같은 분들이다. 그들은 궁(宮)이라는 가게를 세워서 불(熒)을 켜고 늦게까지 열심히 일한다. 특히 직장인들 회식이나 저녁 약속으로 밤에 매출이 더 많은 식당이라면 더더욱 밤늦게까지 불이 켜져 있어야 한다. 營이란 한자 모습 그대로 밤에 불이 켜진 집이어야 한다. 하지만 코로나19라는 세찬 바람이 몰아치면서 밤 9시만 되면 가게의 불을 꺼버리는 나날이 한동안 계속되었다. 그리고 자영업자 사장님들의 시름과 한숨도 나날이 깊어져만 갔다.

'凭'은 焚 밑에 几(안석 궤)가 있는 한자인데, 안석은 벽에 기대어 앉을 때 받치는 등받이를 의미한다. 회사 근처에 잔잔한 조명으로 멋지게 인테리어를 일본식 카레 식당이 있다. 오후 7시쯤 되었을까. 저녁식사를 하려는 사람들이 한창 몰릴 시간이지만, 가게는 텅 비어 있고 구석에 손님 두어 명이 보일 뿐이었다. 불 켜진 조명 아래 텅 빈 등받이 좌석들을 보고 있자니, 凭 이란 한자가 자연스레 떠올랐다. 자영업자들의 근심이 서린 듯하다. 밤늦게 까지 불을 켜 놓은 가게 안에 예전처럼 다시 많은 손님이 다시 북적이길.

✦ 정확하게 쓰기 ✦

경영할 영

부수	火 [灬] (불화, 4획)
모양자	熒(등불 형) + 呂(섯씨 려(여))
총획수	17획

근심할 경

부수	火 [灬] (불화, 4획)
모양자	熒(등불 형) + 几(안석 궤)
총획수	12획

✦ 따라 쓰며 마음에 새기기 ✦

경영할 영

근심할 경

✦ 떠올리며 기록하기 ✦

✳ 코로나19 사태 전후로 내 삶은 무엇이 바뀌었는가?

✳ 내 잘못이 아닌 일 때문에 겪는 어려움을 어떻게 받아들이는가?

어쩌다 이런 세상이 되었나

恭 공손할 공 | 敬 공경 경

  고등학생들이 담배 심부름을 거절한 할머니에게 폭언하고 조롱하는 영상이 국민적 공분을 샀던 사건이 있었다. 어른 공경의 차원을 떠나 사람에 대한 존중이 사라져가는 시대임을 실감한다.

  '공경(恭敬)'은 '공손히 섬긴다'라는 의미다. **'恭'**은 '共'(함께 공)과 '忄'(마음 심)이 합쳐져 '함께 하는 마음'을 의미한다. 인간이라면 공손해야 한다. 상대방이 아이든 어른이든 상관 없이 누구에게나 가져야 하는 마음이다.

  '敬'은 유래를 살펴보면 오늘날의 관점으로는 다소 마음이 불편할 수 있는 한자다. '苟'(진실로 구)와 '攵'(때릴 복)이 합해져 구성되었는데, 苟는 귀를 쫑긋 세우고 앉아 있는 개를 표현한다. 인간에게 충성스럽고 진실한 개의 모습에서 '진실로' 또는 '참되다'라는 뜻을 가진다. 그런데 진실하도록(苟) 때려서(攵) 예의를 갖추도록 만든다는 의미를 가진 한자가 敬이다. 예의 없고 무례한 사람은 두드려 패서라도 예의를 갖추게 하라는 뜻이다.

  학생들이 힘없는 할머니를 꽃으로 때리고(그것도 위안부 소녀상에 놓였던 꽃을...) 손수레를 발로 차는 영상을 보니 어쩌다 이런 세상이 되었는지 참담한 마음이 들었다. 가해 학생들은 폭행 혐의로 입건되었다고 한다. 敬의 의미를 생각하여 적절한 처벌을 통해서라도 그 학생들이 자신의 잘못을 제대로 깨닫게 되길 바란다. 다만 이 학생들이 보고 배운 건 다름 아닌 어른들이 만들어 놓은 세상이라는 사실이 무척 마음 아플 뿐이다.

✦ 정확하게 쓰기 ✦

공손할 공

부수	小 [心,忄] (마음심밑, 4획)
모양자	小(마음 심)+共(한가지 공)
총획수	10획

공경 경

부수	攵 [攴] (등글월문2, 4획)
모양자	攵(칠 복)+苟(진실로 구)
장단음	경:
총획수	12획

✦ 따라 쓰며 마음에 새기기 ✦

공손할 공

恭 恭 恭 恭

공경 경

敬 敬 敬 敬

✦ 떠올리며 기록하기 ✦

✽ 진실하도록(苟) 때려서(攵) 예의를 갖추도록 한다는 '敬'의 뜻에 동의하는가?

✽ 만약 나의 지인이 매우 무례한 행동을 한다면, 어떻게 할 것인가?

✽ 몇 살부터 자신의 행동에 스스로 책임져야 할까?

두 눈을 뜨고

民 백성 민 | 眠 잘 면

한자는 고대 사회의 시대상을 반영하고 있기 때문에, 지금 기준으로 보면 잔혹하거나 비인간적인 유래를 가진 글자도 종종 있다. '民'도 그중 하나다. 갑골문을 보면 民은 사람의 눈을 송곳으로 찌르는 모습에서 비롯되었다는 것을 알 수 있다. 노예의 한쪽 눈을 멀게 만들어 도망가지 못하도록 한 고대 풍습을 반영한 한자라 할 수 있다. 노예를 사람으로 여기지 않고 한낱 재산으로 간주했던 당시 신분제 사회의 풍토가 엿보인다.

오랜 시간이 지나고 이제는 누구나 세상의 주인으로 사상과 표현의 자유를 갖는 민주주의 시대가 도래했다. 피지배 계층이었고, 한쪽 눈이 찔리는 것을 감내해야 했던 백성이 이제 신분, 출신과 상관없이 모두 자기 자신의 주인이 되는 시대가 되었다. 그렇지만 여전히 한쪽 눈이 멀어버린 백성이 되기를 자처하는 사람들이 있다. 한쪽 눈으로만 바라본 세상이 절대로 옳다고 여기며, 다른 생각을 가진 타인을 함부로 공격한다. 세상에서 가장 위험한 것은 '성찰 없는 정의'임을 잊어서는 안 된다. 두 눈을 똑바로 뜨고 자신을 끊임없이 성찰하고 돌아보는 자세가 중요하다. 한쪽 눈을 잃은 백성이 아닌, 민주주의 시대의 진정한 주인이 되고자 한다면.

한쪽 눈이 멀어버린 백성(民) 옆에 다시 '目'(눈 목)을 결합시킨 한자가 '眠'이라는 사실은 무척 흥미롭다. 두 눈을 온전히 뜨고 자신과 타인을 균형 있게 바라보고 세상을 있는 그대로 바라보려 애쓴다면, 내 마음도 좀 더 너그러워지지 않을까. 내 삶도 평안과 휴식을 조금 더 얻을 수 있지 않을까.

✛ 정확하게 쓰기 ✛

백성 민

부수	民 [氏] (각시씨2, 5획)
모양자	氏(각시 씨)＋ㄱ(一)
총획수	5획

잘 면

부수	目 (눈목, 5획)
모양자	目(눈 목)＋民(백성 민)
총획수	10획

✛ 따라 쓰며 마음에 새기기 ✛

백성 민

잘 면

어른의 한자력

✦ 떠올리며 기록하기 ✦

✳ 나는 민주적인 사람인가?

✳ 나는 세상을 균형 있게 바라보는가?

✳ 내 삶의 주인은 나 자신이라고 자신할 수 있는가?

기대어 쉴 수 있게

休쉴 휴 | 仃 외로울 정

"이젠 좀 쉬고 싶다."

코로나19가 온 세상을 한창 짓누르던 때, 노래방을 운영하시던 한 사장님이 스스로 세상을 등지기 전에 지인과 통화에서 남긴 마지막 말이었다고 한다. 맥주집 사장님, 치킨집 사장님, 그리고 노래방 사장님까지... 코로나19 때문에 고통을 받다가 결국 극단적인 선택을 했다는 뉴스가 여기저기에서 들렸고, 내 마음도 덩달아 무거워졌다.

돈을 벌든 못 벌든 어김없이 닥쳐오는 임차료, 직원들 월급, 각종 요금 납부 기한 앞에서 몸이 부서져라 일했다고 한다. 영업이 어려워지자 낮에는 배달 대행과 막노동을, 밤에는 대리운전으로 그는 끝까지 자신의 책임을 다하려 했다. 하지만 결국 현실 앞에 좌절하고 말았다. "이젠 좀 쉬고 싶다." 그의 마지막 말이 가슴을 후볐다.

'休'. 사람(亻)이 나무(木)에 기대어 쉬고 있는 모습의 한자다. 쉼은 어디서 올까. 아무것도 안 하고 빈둥거리면 쉬는 것일까. 그렇지 않다. 진정한 쉼은 어딘가에 기댈 때 가능하다. 나무에 기대듯 자신의 등을 내어주는 사람이 곁에 있을 때 편히 쉴 수 있다. 사장님이 정말 힘들었던 건 어디에도 기대지 못하고 모든 고통을 홀로 감내하며 외로이 서야 했기 때문은 아닐까.

"나라에서 하라는 거 다 따랐잖아요. 그래서 결과가 뭐죠?"
생사의 기로에 놓인 자영업자들의 절규가 수없이 들려온다. 그들이 코로나19 바이러스를 만든 것도 아니고 일부러 퍼뜨린 것도 아닌데, 못된 전염병

어른의 한자력

으로 인한 피해의 상당 부분을 고스란히 떠안았다. 사람(亻)이 못질(丁)하고 있는 모습의 한자가 '仃'이다. 본업 외의 일을 하는 자영업자가 전년 대비 19.1퍼센트 늘어나 통계 작성 이후 최대치를 기록했다고 한다. 투잡, 쓰리잡을 불사하며 못질하듯 열심히 일하지만 어디 하나 기댈 곳 없이 외로이 서 있는 모습이 안타깝고 불안하기만 하다.

자영업자들이 든든히 기댈 수 있는 기둥 역할을 국가가 더 충실히 해주길 바란다. 또 그들이 잠시나마 기댈 수 있도록, 자신의 등을 기꺼이 내어주는 이웃들이 더 많아지길 바란다. 사장님들이 어려움을 이겨내고 편안한 마음으로 쉴 수 있는 날이 어서 오길 진심으로 바란다.

✦ 정확하게 쓰기 ✦

쉴 휴

부수	亻 [人] (사람인변, 2획)	
모양자	亻(사람인변 인) + 木(나무 목)	
총획수	6획	

외로울 정

부수	亻 [人] (사람인변, 2획)	
모양자	亻(사람인변 인) + 丁(고무래 정)	
총획수	4획	

✦ 따라 쓰며 마음에 새기기 ✦

쉴 휴

외로울 정

✦ 떠올리며 기록하기 ✦

✳ 휴식을 가지기 위한 조건은 무엇인가?

✳ 사람은 언제 외로움을 느낄까?

내가 하면 로맨스, 남이 하면 불륜

義 옳을 의 | 佯 거짓 양

고대 사회에서 양은 상서롭고 순결한 동물이라 종종 제사 의식의 제물로 사용되었다. '羊'(양 양)이 들어간 한자 중에 善(착할 선), 美(아름다울 미)처럼 긍정적인 뜻을 가진 한자가 많은 이유다. '義'도 그중 하나다. 나 자신을 뜻하는 '我'(나 아) 위에 양머리(羊) 장식을 하고 있는 모습을 한 한자인 義는 '내가 옳다!'고 말하는 듯하다. 반면 'イ'(사람 인)이 羊(양 양) 옆에 오는 한자인 '佯'은, 거짓이라는 뜻을 가진다. 다른 사람이 양머리 장식을 하고 있으면 '넌 가짜!'라고 말하는 것 같다. 마치 나는 옳고 너는 그르다며 지금도 정쟁에 여념이 없는 정치판과 비슷해 보인다.

'내가 하면 로맨스, 남이 하면 불륜'의 줄임말인 '내로남불'이 단지 정치판에서만 통용될까. 자신이 하는 일은 뭐든 옳고 관대하면서 남에게만 엄격한 잣대를 들이대는 사람들이 있다. 어디서든 남의 잘못은 예리하게 지적하면서 정작 자신의 잘못에는 변명하기 급급한 사람들 말이다. 심지어 남에게 잘못을 덮어 씌우기까지 한다. 리더가 그런 모습을 보이면 팔로워가 느낀 실망감은 말로 표현할 수 없다.

공자는 이렇게 말했다. "자신에게 엄하게 책망하고 남에 대해서는 가볍게 한다면 원망을 멀리할 수 있을 것이다." 예수는 이렇게 말했다. "어찌하여 너는 형제의 눈 속에 있는 티끌은 보면서 제 눈 속에 들어 있는 들보는 깨닫지 못하느냐." 동서양을 막론하고 성인들은 자신에게 엄격하되 남에게는 관대하라 가르쳤다. 실천이 어렵다면, 최소한 자기 잘못을 남 탓으로 돌리는 사람은 되지 말아야 한다.

별거 중이던 아내를 장인이 보는 앞에서 끔찍하게 살해한 살인범이 장인에게 전화를 걸어 왜 자신을 뜯어말리지 않았냐고 했다는 뉴스를 보았다. 살인마저 남 탓으로 돌리는 모습에 혀를 내두를 뿐이다. 자신은 항상 옳고 잘못된 건 모두 남의 잘못이라는 사람을 혹시라도 만난다면, 상대하지 말고 피하는 것이 상책이다.

✦ 정확하게 쓰기 ✦

옳을 의

부수	⺶ [羊,戈,⺷] (양양3, 6획)
모양자	⺷(양 양)+我(나 아)
장단음	의:
총획수	13획

거짓 양

부수	亻 [人] (사람인변, 2획)
모양자	亻(사람인변 인)+羊(양 양)
총획수	8획

✦ 따라 쓰며 마음에 새기기 ✦

옳을 의

거짓 양

✦ 떠올리며 기록하기 ✦

✳ 자신은 항상 옳고 잘못된 건 모두 남 탓이라 여기는 사람들은 어떤 특
   징이 있는가?

✳ 나는 겉과 속이 다르게 행동한 적은 없는가?

벼가 익나요, 메뚜기가 익나요

秋 가을 추 | 夕 저녁 석

민족의 대명절은 역시 추석이다.

추석(秋夕)을 그대로 뜻풀이하면 가을 저녁이다. 계절의 왕이라 불리는 가을에 달빛이 아름다운 저녁으로, 가장 좋은 날의 끝판왕이다. 가을 중의 가을인 추석은 좋은 날씨와 더불어 한창 곡식 추수에 바쁠 때이기도 하니 이 또한 얼마나 좋은가. 추석이 우리 민족 최고의 명절인 데는 그만한 이유가 있다.

'秋'는 '禾'(벼 화)와 '火'(불 화)로 만들어진 한자인데, 벼가 벌겋게 익어가는 들판의 모습을 연상시킨다. 그야말로 풍요의 계절이다. 그런데 갑골문을 보면, 벼가 아니라 메뚜기가 불에 구워지는 모습이 그려져 있다고 한다. 왜 하필 메뚜기일까. 고대부터 메뚜기는 농작물에 엄청난 피해를 입히는 까닭에 가장 두려운 곤충이었다. 곡식이 풍요롭게 익어가는 가을은 아이러니하게도 메뚜기로 인한 피해가 가장 극심한 시기이기도 하다.

秋를 어떻게 해석하느냐에 따라 벼가 풍요롭게 익은 모습으로 볼 수도 있고, 엄청난 고통을 주던 메뚜기로 볼 수도 있다는 사실이 묘하다. 코로나19가 전 세계를 덮친 후 꽤 시간이 흐르고 다시 추석을 맞았다. 금융, IT, 물류처럼 풍요를 노래하는 분야가 있는가 하면, 대면 서비스를 할 수밖에 없는 식당, 노래방 같은 곳은 메뚜기떼처럼 덮친 코로나19로 크게 신음했다.

온 식구가 오랜만에 함께 모이는 명절이지만 한편 가사 노동으로 가장 큰 고통을 받는 때가 추석이기도 하다. 오죽하면 명절 직후에 이혼하는 부부가 늘어난다 하고, 집에서 '전 부치기' 단기 알바 구인 공고까지 올라올까.

어른의 한자력

이래저래 추석이 누군가에게는 '벼가 익는 날'이지만, 또 다른 누군가에게는 '메뚜기가 덮치는 날'은 아닌지 돌아볼 일이다.

'月'(달 월)에서 유래한 한자 '夕'은 달빛이 구름에 가린 모습을 묘사했다는 해석이 있다. 구름 한 점을 머금은 보름달은 무척 어여쁘다. 그런데 요즘은 구름에 가린 달을 바라보면, 어째 달이 마스크를 쓰고 있는 모습처럼 보인다. 1년 중 가장 행복하고 즐거워야 할 추석에 마냥 그럴 수 없는 현실이 안타까울 뿐이다.

가을 추

부수	禾 (벼화, 5획)
모양자	禾(벼 화)+火(불 화)
총획수	9획

저녁 석

부수	夕 (저녁석, 3획)
모양자	夕(저녁 석)
총획수	3획

✦ 따라 쓰며 마음에 새기기 ✦

가을 추

저녁 석

✦ 떠올리며 기록하기 ✦

✳ 명절이 되면 고향을 찾는 이유는 무엇일까?

✳ 명절에 가족들과 즐거웠던 혹은 힘들었던 일이 있다면 적어 보자.

등골 브레이커의 슬픔

哀 슬플 애 | 衰 쇠할 쇠 | 依 의지할 의

슬프다는 뜻을 가진 한자 '哀'는 '衣'(옷 의) 사이에 '口'(입 구)가 그려져 있다. 옷을 입고 소리 내어 슬퍼한다는 뜻이니, 여기서 옷은 아마 상복을 의미할 것이다. 그런데 이 한자를 보면 다른 단어가 연상된다. '등골 브레이커'. 10년 전쯤부터 학생들 사이에 유행했던 값비싼 겨울 패딩 점퍼를 사주느라 부모 등골이 휜다는 신조어다. 비싼 옷을 사줄 수 없는 주머니 사정에 부모의 마음은 얼마나 아프고 슬플까. 옷 때문에 마음 아파하는 부모의 마음을 哀라는 한자가 표현하고 있는 듯하다.

등골이 휘어져서라도 옷 한 벌 사줄 수 있으면 그나마 다행이다. 그런데 금세 또 유행이 바뀌어 아이가 다른 옷을 사달라고 조르기 시작하면, 부모는 아이를 야단치고 아이는 그거 하나 못 사주냐고 대들고 부모는 목소리를 더 높인다. 이렇게 대화가 단절되기 시작하면 부모는 정말 숨이 턱턱 막히는 심정이지 않을까. 哀에서 口(입 구)에 'ㅡ'(한 일)을 죽 그으면 '衰'가 된다. 아이의 옷 때문에 기력까지 쇠약해진다.

요즘 초등학생들은 아빠가 무슨 차를 타고 다니고, 어느 아파트에 사는지 이야기한다고 한다. 곧 초등학교에 들어갈 아이를 둔 아빠로서 슬슬 걱정이 생긴다. 요즘 아이들 생일 잔치는 근사한 장소에서 이벤트 회사를 불러 진행하고, 초대받은 친구들 선물도 신경 써서 챙겨줘야 한다는 말을 들으니 두려움이 앞선다.

'아빠, 우리 아파트는 왜 이렇게 낡았어?'
'아빠, 친구들이 입고 다니는 옷 나도 사 주면 안 돼?'
'아빠, 생일 때 내 선물이랑 친구들 선물은 뭐 해줄 거야?'

아직 오지 않은 미래지만, 아이가 이런 말을 하면 아빠인 나는 어떻게 말해 주고 행동해야 할까. 물론 해줄 수 있다면 합법적인 선에서 뭐든 해주고 싶다. 그게 부모 마음이니까. 하지만 나 같은 월급쟁이가 등골 휘어 가며 아이의 모든 욕구를 채워주는 데는 분명 한계가 있을 터. 그저 내가 할 수 있는 일은, 세상에는 좋은 아파트, 비싼 옷, 화려한 생일 잔치보다 더 소중한 것들이 많다는 것을 아이 마음에 오롯이 새기도록 지금부터 잘 가르치는 정도일 것이다.

　"아들아, '依'라는 한자가 있어. 사람(亻)은 옷(衣)에 의지해야 해. 추위를 피하고 몸에 상처가 나지 않도록 하기 위해서. 하지만 그 이상을 의지하면 안 돼. 옷의 역할은 너의 몸을 지켜주는 것일 뿐, 네 마음까지 지켜주는 것은 아니기 때문이야. 마음은 스스로 지키는 것이란다. 좋은 옷에 의지해서 빛나려 애쓰는 사람은 스스로 빛나지 못하는 사람이라 여기기 때문이 아닐까? 아빠 눈에 너는 누구보다 밝게 빛나는 사람이야. 그 사실을 잊지 말렴."

✦ 정확하게 쓰기 ✦

슬플 애

부수	口 (입구, 3획)
모양자	口(입 구) + 衣(옷 의)
총획수	9획

쇠할 쇠

부수	衤 [衣, 衤] (옷의2, 4획)
모양자	亠(돼지해머리 두) + 口(입 구) + 一(한 일) + 衤(옷의변 의)
총획수	10획

의지할 의

부수	亻 [人] (사람인변, 2획)
모양자	亻(사람인변 인) + 衣(옷 의)
총획수	8획

✦ 따라 쓰며 마음에 새기기 ✦

슬플 애

쇠할 쇠

의지할 의

어른의 한자력

✦ 떠올리며 기록하기 ✦

✳ 나는 언제 불행하다고 느끼는가?

✳ 나를 진정으로 나답게 빛나도록 해주는 것은 무엇인가?

이 또한 지나가리라는 믿음을 주는 사회

失 잃을 실 | 過 지날 과

우리 사회는 승자독식 사회가 되어 버린지 오래다. 성공한 사람은 재력과 명예를 모두 거머쥐지만 실패한 사람은 모든 것을 잃는다. 재기의 기회가 주어지지 않으니, 실패하거나 미래에 대한 희망을 완전히 잃은 사람들은 비관 끝에 스스로 극단적인 선택에 이르기도 한다.

성공과 성과를 강조하면서 실패에 대해서는 매우 냉정한 사회. 빚으로 벼랑 끝에 몰린 사람들이 우승 상금을 놓고 죽고 죽이는 게임을 하는 드라마 '오징어 게임'이 큰 반향을 일으킨 것은, 현실과 지독히 닮아있기 때문은 아닐까. 사람들이 마지막까지 희망을 놓지 않는 사회로 만들려면 실패는 인생의 끝이 아니라 과정이 되어야 한다. 발이 닿지 않는 수렁에 빠져 허우적거리는 것을 방관하는 것이 아니라, 최악의 순간에도 최소한 바닥에 발을 디딜 공간은 마련해 주는 사회가 되어야 한다.

'잃다', '실패하다', '잘못하다' 등의 뜻을 가진 한자 '失'은 '手'(손 수)에서 뭔가 떨어지는 모습에서 만들어졌다지만, 잘 보면 묘하게 닮은 한자가 있다. '生'(날 생)이다. 生(날 생)은 '一'(한 일)로 표현된 땅에서 새싹이 돋는 모습이다. 땅바닥과 단단히 연결되어 안정감이 느껴진다. 반면 失(잃을 실)은 바닥에 발을 디디지 못하고 불안하게 서 있는 모습이다. 그들의 발아래에도 一이 놓일 때, 失은 生(날 생)으로 바뀔 수 있다. 상실(失)을 삶(生)으로 바꿀 수 있다면, 견딜 힘을 얻는다. 지금의 시련이 반드시 지나가고 좋은 날이 올 거라는 새 희망을 품는다.

"이 또한 지나가리라."

지난다는 뜻의 한자 **'過'**는 '辶'(쉬엄쉬엄 갈 착)과 '咼'(가를 과)가 합해진 모양인데, 咼는 뼈를 뜻한다. 사람이 뼈만 남은 앙상한 모습으로 힘겹게 걸어가는 모습이 떠오른다. 거듭된 실패로 뼈만 남은 몰골이면 어떠랴, 계속 걸어갈 수 있는 힘과 용기만 얻을 수 있다면. '이 또한 지나갈' 날이 반드시 온다. 이 믿음을 심어 주고 현실로 만들 수 있는 사회에 미래가 있다.

잃을 실

부수	大 (큰대, 3획)
모양자	大(클 대)+丿(丿)
총획수	5획

지날 과

부수	辶 [辵,辶,辶] (책받침2, 4획)
모양자	辶(쉬엄쉬엄 갈 착)+咼(입 비뚤어질 괘)
장단음	과:
총획수	13획

✦ 따라 쓰며 마음에 새기기 ✦

잃을 실

過 過 過 過

지날 과

✦ 떠올리며 기록하기 ✦

✳ 사람들이 실패를 두려워하는 이유는 뭘까?

✳ 나는 실패에 관대한 사람인가?

✳ 실패를 딛고 다시 일어선 경험이 있는가?

행복은 성적순이 아니잖아요

競다툴 경 | 鬪싸울 투

대한민국은 경쟁 사회다. 사람들은 각자의 사정을 안고 생존을 위한 오징어 게임에 참여한다. 학생은 학생끼리, 취업 준비생은 취업 준비생끼리, 직장인은 직장인끼리, 자영업자는 자영업자끼리, 제각각 456억 원을 쟁취하려 달려간다. 결국 누군가는 승리하고 누군가는 죽어야만 하는, 혈투가 벌어지는 여기가 '을'들의 전쟁터다.

경쟁(競爭)의 사전적 의미는 '같은 목적을 두고 서로 이기거나 앞서거나 더 큰 이익을 얻으려고 겨루는 것'이다. 이 단어에 들어가는 '競'의 기원을 살펴보면 경쟁의 의미가 더 적나라하게 다가온다. 갑골문에는 '辛'(매울 신) 두 개가 나란히 그려져 있는데, 辛은 노예의 몸에 표식을 남기는 도구였다. 슬프지만 노예 두 명이 싸움을 벌이는 모습이 競의 본래 뜻이었다.

싸운다는 뜻의 한자, '鬪'를 보아도 비슷한 생각이 든다. 鬥(싸울 투)와 尌(세울 주)가 결합했는데, 尌는 북을 세우는 모습이라 하니 '둥둥' 울리는 북소리 아래 싸움을 벌이는 군사들의 모습이 연상된다. 그런데 鬪를 좀 더 자세히 살펴보면, '豆'(콩 두)와 '寸'(마디 촌)이란 한자가 있다. 寸은 손을 의미하니, 먹을 것(콩)을 놓고 서로 멱살 잡고 싸우는 것처럼 보인다. 豆를 '頭'(머리 두)로 연상시켜 보면 손으로 서로 머리끄덩이를 잡고 싸우는 모습처럼 보이기도 한다. 이래저래 생존을 위한 약자들의 처절한 싸움을 떠올리게 하는 한자다.

우리나라는 경쟁 사회가 되기 좋은 구조다. 땅덩어리는 좁고 자원은 부족한 데 비해 인구는 많다. 많은 사람들이 성공이라는 결승선을 향해 동시에 달려가니, 언제나 탈락자가 있을 수밖에 없다. 경쟁에 뒤처진 사람을 도와

주는 제도를 만들면 '공정하지 못하다'는 비판을 받는다. '규칙의 공정함'만을 강조하는 세상. 그것이 민주적이고 평등한 것이라 믿는 사람들. 그런데 생각해 보라. 참여와 진행을 참여자들이 직접 결정했던 오징어 게임도 민주적이고 평등했다. 문제의 근본 원인은 오징어 게임, 그 판 자체에 있음에도 불구하고.

자원은 무한하지 않은데 그것을 가지려는 사람들이 많은 이상 이런 사회 구조는 결코 변하지 않을 것이다. 그렇다면 방법은 하나뿐이다. 획일화된 성공의 기준을 바꾸는 것. 부유해져야만, 명예를 얻어야만, 사회적으로 높은 지위를 얻어야만 성공이라고 말하지 않는 것. 각자 자신이 생각하는 행복을 얻고자 열심히 살면 성공한 인생이었다고 치켜세울 수 있는 문화와 사회적 합의가 먼저 필요하다.

모든 사람들이 456억 원이라는 같은 목표를 향해 달릴 수밖에 없도록 부추기는 오징어 게임 사회에서는 競과 鬪가 난무한다. 행복은 스스로 발견하고 만드는 것이지, 꼭 경쟁을 통해서만 얻는 것은 아니라고 아이들에게 자신 있게 말해줄 날이 언제쯤 올까? '행복은 성적순이 아니잖아요.' 어릴 때 듣던 말을 지금도 하는 현실을 보면 정말 그런 날이 올까 싶어 슬퍼진다.

✦ 정확하게 쓰기 ✦

다툴 경

부수	立 (설립, 5획)
모양자	竟(다툴 경)＋竟(다툴 경)
장단음	경:
총획수	20획

싸울 투

부수	鬥 (싸울투, 10획)
모양자	鬥(싸울 두)＋豆(콩 두)＋寸(마디 촌)
총획수	20획

✦ 따라 쓰며 마음에 새기기 ✦

다툴 경

싸울 투

✦ 떠올리며 기록하기 ✦

✳ 내가 생각하는 성공의 기준은 무엇인가?

✳ 어떻게 하면 행복한 삶을 살 수 있을까?

每開信憂

사람들 사이를
살아가며 씁니다

직장에서든, 우리가 살아가는 어디에서든 결국 가장 중요한 것은,
지금 내 옆에 어떤 사람이 있습니다.

사랑에도 유지보수가 필요합니다

愛 사랑 애 | 僾 어렴풋할 애 | 曖 희미할 애

　세상에서 가장 아름다운 감정은 단연코 사랑이 아닐까. 사랑이란 뜻을 가진 '愛'는 '爫'(손톱 조)와 '冖'(덮을 멱), '心'(마음 심), '夂'(천천히 걸을 쇠)가 위에서부터 아래로 결합한 한자다. 글자의 중간에 있는 心(마음 심)을 손으로 조심스럽게 잡고 누군가를 향해 천천히 걸어가는 모습이다. 사랑에 빠졌을 때, 혹은 '썸'을 타기 시작했을 때 그 두근거리던 마음을 기억하는가? 좋아하는 사람에 대해 하나라도 더 알고 싶고, 또 좋은 것을 주고 싶던 그 애틋한 마음. 그렇게 '심장아, 나대지 마' 콩닥콩닥대는 심장을 부여잡고, 조심스럽게 천천히 다가가는 것. 愛는 그런 사랑의 감정을 표현한다.

　그렇게 마침내 愛(사랑 애)가 '亻'(사람 인)을 만나면 무슨 뜻이 될까? '더욱 사랑한다' 같은 뜻을 기대했다면, 안타깝지만 아니다. 이렇게 만들어진 한자 '僾'는 '어렴풋해진다'는 뜻이 전혀 다른 뜻이 된다. 그럼 날마다 사랑해서 '日'(날 일)을 만난다면 어떨까? 역시 '날마다 사랑한다'는 뜻이 아니라 '희미하다'의 '曖'가 된다.

　그렇게 사랑했던 사이건만, 어느 순간 사랑을 당연한 것으로 여기기 시작하면 그 감정도 점차 어렴풋해지고 희미해지는 것이 '사람'의 '사랑'인가 싶다. 사랑하는 마음은 저절로 유지되지 않는다. 오래 잘 사용하기 위해 유지보수가 필요한 것은 기계뿐이 아니다. 사랑도 유지보수가 필요하다. 나는 사랑하는 이에게 얼마나 자주 사랑한다 말하고 안아 주었던가.

✛ 정확하게 쓰기 ✛

사랑 애

부수	心 [忄,㣺] (마음심, 4획)
모양자	爫(손톱조 조)+冖(덮을 멱)+夂(사랑 애)
장단음	애:
총획수	13획

어렴풋할 애

부수	亻 [人] (사람인변, 2획)
모양자	亻(사람인변 인)+愛(사랑 애)
총획수	15획

희미할 애

부수	日 (날일, 4획)
모양자	日(날 일)+愛(사랑 애)
장단음	애:
총획수	17획

✛ 따라 쓰며 마음에 새기기 ✛

사랑 애

어렴풋할 애

희미할 애

어른의 한자력

✦ 떠올리며 기록하기 ✦

✳ 내가 가장 사랑하는 사람은 누구인가?

✳ 나를 가장 사랑해 주는 사람은 누구인가?

✳ 누군가의 사랑을 당연하게 여긴 적이 있는가?

근심의 아름다운 변신

憂 근심 우 | 優 뛰어날 / 넉넉할 우

'憂'는 위에는 '頁'(머리 혈)과 '冖'(덮을 멱), 가운데에 '心'(마음 심), 아래에 '夂'(뒤처져 올 치)로 구성된 한자다. 夂는 천천히 뒤따라오는 발의 모습을 묘사한 한자다. 사람의 머리와 발 사이에 심장이 끼여 있는데, 그 심장을 冖(덮을 멱)이 감싸 덮고 있으니, 보기만 해도 답답하다. 이렇게 아래 위로 심장이 압박받는 모습에서 근심이란 뜻이 생겨났다.

근심 그 자체인 이 모습은 어찌 보면 회사의 중간 관리자들과 닮았다. 회사의 머리인 경영진과 발로 뛰는 실무자들 사이에 둘러싸여 압박받는 팀장의 모습. 실적으로 압박하는 경영진의 요구에 부응하면서, 이런저런 불만을 가진 실무자들을 잘 보듬고 이끌어 나가는 것은 무척 어려운 일이다. 중간 관리자는 언제나 괴롭다. '근심' 자체인 자리다.

그런데 한 가지 반전이 있다. 憂 옆에 '亻'(사람 인)이 오면 '優'라는 완전히 새로운 한자로 바뀐다. 아무리 근심과 걱정이 가득한 상황이어도, 곁에 힘이 되는 사람이 한 명만 있으면 근심(憂)은 넉넉함(優)으로 변한다. 얼마나 멋지고 근사한 변신인가!

우리가 살아가는 어디에서든 결국 가장 중요한 것은, 지금 내 옆에 어떤 사람이 있느냐다. 그 사람 때문에 근심이 더 커지기도 하지만, 반대로 그 사람 덕분에 근심은 넉넉한 마음이 되고 더 뛰어난 사람이 될 수도 있다. 그게 우리네 직장 생활이고 인생인가 싶다.

✦ 정확하게 쓰기 ✦

근심 우

부수	心 [忄,㣺] (마음심, 4획)
모양자	百(일백 백)＋冖(덮을 멱)＋夊(사랑 애)
총획수	15획

뛰어날/넉넉할 우

부수	亻 [人] (사람인변, 2획)
모양자	亻(사람인변 인)＋憂(근심 우)
총획수	17획

✦ 따라 쓰며 마음에 새기기 ✦

근심 우

뛰어날/넉넉할 우

✦ 떠올리며 기록하기 ✦

✳ 지금 나에게 가장 근심되는 일은 무엇인가?

✳ 근심에서 벗어나려면 어떻게 해야 할까?

믿을 만한 사람인가, 으르렁거리는 사람인가

信 믿을 신 | 猰 으르렁거릴 은

한비자가 쓴 책에 이런 이야기가 나온다. 송나라에 어떤 부자가 살았는데 집의 토담이 비에 무너져 내렸다. 그러자 그의 아들과 이웃집 사람이 동시에 같은 말을 했단다.

"담을 다시 쌓지 않으면 도둑이 들 겁니다."

날이 저물자 정말로 도둑이 들어서 많은 재물을 잃고 말았다. 이때 그 부자가 보인 반응은 어땠을까? 자기 아들에게는 똑똑하다고 칭찬했지만 이웃집 사람을 도둑으로 의심했다고 한다.

우리도 그렇지 않은가? 아무리 맞는 말을 해도 그 사람에 대한 믿음이 없으면 아무 말도 들리지 않는다. 직장 동료, 동호회 지인, 심지어 가까운 가족끼리도. 삶에서 신뢰와 평판은 무척 중요한 요소다. 그렇기에 자신의 말이 옳다는 것을 증명하려 애쓰기에 앞서 자신이 믿을 만한 사람이라는 것을 보여 주는 노력이 선행되어야 한다. 그래서 한비자는 한마디 더 덧붙인다.

"군주에게 간언하고 유세하는 자는 군주가 자기를 사랑하는가 미워하는가를 살펴본 다음에 유세해야 한다."

싫으면 그냥 싫고 좋으면 그냥 좋은 것이 사람 마음이다. 일단 사람의 마음을 얻고 나야 비로소 관계 속에서 믿음을 얻는다.

'信'은 사람을 뜻하는 '亻'(사람 인)과 말을 뜻하는 '言'(말씀 언)이 합쳐진 한자다. 사람의 말은 진실하고 신뢰가 있어야 한다는 뜻이다. 비슷하게 생겼지만 '狺'은 개와 같은 들짐승을 뜻하는 ' 犭'(개사슴록변 견)과 '言'(말씀 언)이 합쳐진 한자다. 진실하지 못하고 신뢰가 없는, 들으나마나 한 으르렁 소리다. 쉽게 말해 개소리라는 것이다.

똑같이 입에서 나오는 말(言)이어도, 믿음직한 말도 있고 그렇지 못한 말도 있다. 나의 말(言)에는 사람(亻)이 붙어 있는가, 짐승(犭)이 붙어 있는가? 나는 송나라 부자의 아들처럼 여겨지는가, 이웃집 사람처럼 여겨지는가? 나는 믿을 만한 사람인가, 으르렁거리는 사람인가?

어른의 한자력

✦ 정확하게 쓰기 ✦

믿을 신

부수	亻 [人] (사람인변, 2획)
모양자	亻(사람인변 인) + 言(말씀 언)
장단음	신:
총획수	9획

으르렁거릴 은

부수	亻 [人] (사람인변, 2획)
모양자	亻(사람인변 인) + 憂(근심 우)
총획수	17획

✦ 따라 쓰며 마음에 새기기 ✦

믿을 신

으르렁거릴 은

✦ 떠올리며 기록하기 ✦

✳ 말이 믿음을 얻으려면 어떤 노력이 필요할까?

✳ 지금까지 살아오면서 가장 '개소리'라고 생각했던 말은 무엇인가?

✳ 믿음이 가는 말과 믿음이 가지 않는 말은 어떤 차이가 있을까?

패거리인가, 벗인가?

朋 벗 붕 | 崩 무너질 붕

벗, 친구, 무리, 떼 등 여러 의미가 담긴 '**朋**'의 형성 기원에 대한 대표적인 설명 두 가지가 있다.

먼저 고대 화폐인 '貝'(조개 패)를 나란히 엮어 놓은 모습이라는 설명이다. 고대 중국에서는 귀한 마노 조개를 화폐 대용으로 썼다는데, 곧 '돈뭉치'를 표현한다. 조개가 서로 연결되어 있는 모습이 친밀한 관계를 연상시켜 나중에 벗, 무리라는 뜻까지 확장되었다는 설명이다.

또 하나는 새의 양쪽 날개인 '羽'(깃털 우)를 서로 이어 놓았다는 설명이다. 새가 좌우 날개를 함께 펼쳐야 날 수 있듯, 떼려야 뗄 수 없는 친밀한 관계를 의미한다.

'朋'의 기원을 돈(조개)에서 보느냐, 혹은 새의 날개에서 보느냐에 따라 그 의미도 달라지는 것 같아 흥미롭다. 그 기원을 돈으로 본다면, 공동의 이익을 쫓아 함께 몰려 다니는 패거리를 보는 듯하다. 기원을 새의 날개로 본다면, 서로의 날개에 의지해 하늘을 향해 힘껏 비상하는 끈끈한 벗을 보는 것 같다. 나는 무엇을 위해 인연을 맺고, 관계를 만들고 있는가? 이익을 위해 뭉친 패거리인가, 진정한 벗인가?

한 가지 부연하면, 朋 위에 '山'(뫼 산)을 올려놓은 한자 '**崩**'은, 조개를 나란히 엮고 있던 줄이 끊어지면서 산의 토사가 무너지듯 조개가 쏟아져 내리는 모습을 연상시킨다. 돈, 이익, 이권으로만 맺어진 관계는 언제든지 무너져 내릴 수밖에 없음을 암시하는 듯하다.

✦ 정확하게 쓰기 ✦

벗 붕

부수	月 [肉] (육달월, 4획)
모양자	月(달 월) + 月(달 월)
총획수	8획

무너질 붕

부수	山 (뫼산, 3획)
모양자	山(메 산) + 朋(벗 붕)
총획수	11획

✦ 따라 쓰며 마음에 새기기 ✦

벗 붕

崩 崩 崩 崩

무너질 붕

✦ 떠올리며 기록하기 ✦

✳ 내 주변에는 패거리가 더 많은가, 벗이 더 많은가?

✳ 진정한 친구란 무엇일까?

✳ 최근에 벗의 도움을 받은 적이 있는가?

'말'은 화살처럼 날아간다
傷 다칠 상 | 惕 근심할 상 | 謝 사례할 사 | 射 쏠 사

'傷'은 '亻'(사람 인), '昜'(볕 양), 그리고 '矢'(화살 시)가 합쳐진 한자다. 사람이 화살에 맞아 열이 나는 모습이니, '다치다', '몸이 상하다', '상처' 등의 뜻을 가진다. 누군가를 다치게 만드는 수단을 화살로 표현하고 있는데 그 화살이 마음(忄)에 꽂히면 '惕'이 된다. '우울하다', '서럽다'의 뜻을 동시에 가진다.

누군가에게 상처 주는 모습, 특히 마음에 상처 주는 모습이 화살로 나타난다. 지금 우리에게 그 화살은 무엇일까. '말'이다. 아무 생각 없이 던진, 때로는 홧김에 작정하고 던진 말 한마디가 다른 사람에게 상처 주고, 아프게 만든다. 화살은 활시위를 일단 떠나면 다시는 돌아오지 않는다는 특징이 있다. 말도 마찬가지다. 함부로 내뱉은 말 한마디는 결코 다시 주워 담을 수 없다.

남에게 상처 주는 수단도 말이지만, 감사를 표현하는 수단도 말이다. '謝'는 '言'(말씀 언)과 '射'가 합해진 한자다. '화살을 쏘다', 즉 화살이 활시위를 떠난다는 말은 붙잡고 있던 문제가 해결된다는 뜻도 내포한다. 끙끙거리며 붙들고 있던 화살을 멀리 허공을 향해 쏘아 버리면 홀가분해지듯이. 이렇게 누군가에게, 혹은 나 자신에게 향하지 않고 허공을 향해 말로 화살을 쏘는 것이 바로 '감사'다.

"모두 당신 덕분입니다. 감사합니다."
"이번은 어려웠지만 다시 도전할 용기를 얻었습니다. 감사합니다."
"오늘도 어제처럼 다시 눈을 뜨고 일어나 새로운 하루를 선물 받았습니다. 감사합니다."

어른의 한자력

남을 겨냥한 화살은 남을 아프게 하고, 나를 겨냥한 화살은 나를 아프게 한다. 하지만 허공을 겨냥하고 쏜 화살은 누구도 아프게 하지 않고, 대신 내 입에서 감사의 고백이 흘러나오게 한다.

나의 화살은, 나의 말은 어디로 향하는가?

✦ 정확하게 쓰기 ✦

다칠 상

부수	亻 [人] (사람인변, 2획)
모양자	亻(사람인변 인)＋⺍(一)＋昜(볕 양)
총획수	13획

근심할 상

부수	忄 [心,忄] (심방변, 3획)
모양자	忄(심방변 심)＋昜(볕 양)＋⺍(一)
총획수	14획

사례할 사

부수	言 [訁,讠] (말씀언, 7획)
모양자	言(말씀 언)＋射(쏠 사)
장단음	사:
총획수	17획

쏠 사

부수	寸 (마디촌, 3획)
모양자	寸(마디 촌)＋身(몸 신)
총획수	10획

✦ 따라 쓰며 마음에 새기기 ✦

傷 傷 傷 傷

다칠 상

惕 惕 惕 惕

근심할 상

謝 謝 謝 謝

사례할 사

射 射 射 射

쏠 사

✦ 떠올리며 기록하기 ✦

✳ 다른 사람에게 말로 상처를 준 일이 있는가?

✳ 인생을 살아오면서 가장 마음에 상처가 되었던 말은 무엇인가?

✳ 인생을 살아오면서 가장 힘이 되었던 말은 무엇인가?

사람들 사이를 살아가며 씁니다

좋은 관계를 만들려면

關관계할 관 | 開열 개 | 閉닫을 폐 | 閑한가할 한

관계를 뜻하는 한자 '關'은 '門'(문 문)과 '絲'(실 사), '卝'(쌍상투 관)로 구성되어 있는데, 그 부수의 뜻과는 큰 상관없이 문 한가운데를 단단히 걸어 잠근 자물쇠의 모습을 형상화했다. 관계를 뜻하는 한자인 만큼 뭔가 서로 통하는 모습을 표현했을 것 같은데, 오히려 자물쇠를 걸어 잠근 채 닫혀 있는 모습에서 유래했다는 점이 흥미롭다.

모든 관계는 서로 적당한 선을 잘 유지하는 데서 출발해야 한다는 점을 시사해 주는 듯하다. 상대가 감추고 싶어 하는 비밀스러운 부분까지 모조리 알아야만 친밀한 관계가 되는 것은 아니다. 더 많이 친해지고 싶더라도, 어느 정도 거리를 두고 서서히 그 사람을 이해하려는 노력이 있어야 한다. 심지어 부부 사이라도 건강한 관계가 되려면 서로 적당한 거리를 두고, 때로는 자물쇠를 채우는 것이 필요할 때도 있다.

'開'는 두 손으로 문을 열어젖히는 모습을 표현한다. 손으로 문을 꽝꽝 친다고 해서 문은 열리지 않는다. 주인이 자물쇠를 열고, 빗장을 열어야 비로소 문이 열린다. 상대가 문을 열어줄 때까지 노크하면서 기다리는 자세가 필요하다.

'閉'는 문의 빗장을 완전히 걸어 잠궈 버린 모습이다. 재미있는 것은 여기서 사용된 한자 '才'(재주 재)가 새싹을 의미하는데, 이 새싹이 완전히 자란 나무 울타리로 완벽히 막아버린 모양을 가진 한자가 '閑'이다. 착한 아이 증후군처럼 모든 사람과 완벽하고 친절하고 좋은 관계를 유지할 필요는 없다. 적당한 선을 유지하되, 상황에 따라 때로는 철벽을 치는 것도 필요하다. 그래야 마음에 한가로움이 생긴다. 좋은 관계를 계속 만들어 나갈 여유가 생긴다.

✦ 정확하게 쓰기 ✦

관계할 관

부수	門 [⾨] (문문, 8획)
모양자	門(문 문)＋鎌(실 꿸 관)
총획수	19획

열 개

부수	門 [⾨] (문문, 8획)
모양자	門(문 문)＋开(열 개)
총획수	12획

닫을 폐

부수	門 [⾨] (문문, 8획)
모양자	門(문 문)＋才(재주 재)
장단음	폐:
총획수	11획

한가할 한

부수	門 [⾨] (문문, 8획)
모양자	門(문 문)＋木(나무 목)
총획수	12획

✦ 따라 쓰며 마음에 새기기 ✦

관계할 관

열 개

閉 閉 閉 閉
닫을 폐

閑 閑 閑 閑
한가할 한

✦ 떠올리며 기록하기 ✦

✳ 나는 사람들과의 관계에서 적당히 거리를 두는 편인가?

✳ 어떻게 해야 사람들과 건강한 관계를 유지할 수 있을까?

진귀한 옥을 다루듯이

弄 희롱할 롱 | 弊 폐단 / 해질 폐

유머는 상대방 마음의 벽을 허물고 대화 분위기를 편하게 만들어 주는 효과가 있다. 말을 재미나게 하는 사람은 상대적으로 쉽게 호감을 사고 인기도 많다. 열 번 개그를 하면 한 번 웃길까 말까 하는 나로서는 정말 부러운 능력이다. 다만 한 가지 조건이 있다. 선을 넘지 말아야 한다. 아무리 웃자고 한 농담이라도 누군가의 마음을 불편하게 만든다면 안 하느니만 못하다.

농담에 들어가는 한자, '弄'은 '玉'(구슬 옥)을 '廾'(받들 공), 두 손으로 갖고 놀고 있는 모습을 표현한다. 옥은 고대에 무척 귀한 보석이었는데, 고급스러운 노리개로도 사용된 모양이다. 옥이 가지고 놀기에 최고의 보석이었다는 점이 인상 깊다. 가지고 놀면서도 흠이라도 갈까, 무척 조심스럽게 다루었을 것이다. 마치 비싸게 구입한 기타를 애지중지 다루듯이. '희롱하다, 놀리다'의 뜻을 가진 한자에 玉이 들어가는 것은 그만큼 조심해야 한다는 의미를 내포한다.

농담도 마찬가지다. 옥을 만지듯, 다이아몬드를 보듯 조심스러워야 한다. 나쁜 농담은 남을 깎아내리는 농담이고, 그 다음은 자신을 깎아내리는 농담이다. 최악은 남을 깎아내리면서 재미조차 없는 농담이다. 물론 가장 좋은 농담은 누구라도 마음 편히 즐길 수 있는 농담이다.

누군가의 마음에 생채기를 내는 농담은 헝겊을 몽둥이로 마구 때리는 것과 같다. 막대기에 걸린 헝겊을 해질 때까지 몽둥이로 때리는 것을 표현한 한자가 '弊'다. 농담이 아니라 그저 민폐라는 말이다. 누군가를 깎아내리면서 나를 돋보이게 하는 것은 무척 쉬운 방법이지만 언젠가 함부로 말한 대가를 치르게 되어 있다.

✦ 정확하게 쓰기 ✦

희롱할 롱

부수	廾 (스물입발, 3획)
모양가	廾(받들 공) + 干(임금 왕)
장단음	롱:, 농:
총획수	7획

폐단 / 해질 폐

부수	廾 (스물입발, 3획)
모양자	廾(받들 공) + 敝(해질 폐)
장단음	폐:
총획수	14획

✦ 따라 쓰며 마음에 새기기 ✦

희롱할 롱

弊 弊 弊 弊

폐단/ 해질 폐

✦ 떠올리며 기록하기 ✦

✳ 최근에 가장 재밌게 들었던 농담은 무엇인가?

✳ 마음에 상처가 되는 농담을 들었던 적이 있는가?

사랑합니다, 엄마

母 어머니 모 | 每 매양 매 | 海 바다 해 | 悔 뉘우칠 회

어머니.

'母'는 갓난아기에게 젖을 물리는 어머니의 모습을 표현한 한자라고 합니다. 저도 어머니의 아들로 태어나 그렇게 키워지고 자랐을 것입니다.

화살(矢) 모양의 비녀를 머리에 단정히 꽂고 있는 어머니(母)의 모습이 '每'라고 하지요. 이 한자가 '늘', '언제나' 같은 뜻을 가지게 된 것은 언제나 한결같은 어머니 당신의 마음을 표현하기 때문일 겁니다. 지금도 차 조심하라고 걱정하시는 마음, 자식이 늘 건강하길 바라는 마음, 그것만큼 변치 않는 것이 있을까요.

어머니의 사랑을 바다에 비교할 수 있을까요. 하늘은 까마득히 높은 곳에 있고 우주는 하늘 너머 보이지도 않지만, 바다는 제 손이 닿는 곳에 있으면서도 무척 넓고 깊습니다. 당신의 사랑처럼요. 변함없는 어머니(每)를 드넓은 물(氵)과 같다 하여 바다를 '海'라고 하나 봅니다. 모든 땅을 품고 있는 바다처럼 저의 허물도 덮어 주시고 감싸 주시니까요.

저는 지금껏 혼자서 잘 큰 줄 알았습니다. 하지만 자식을 키워 보니 그게 아니더군요. 아들을 향해 늘 노심초사하고 있는 저를 보며, 어머니도 그러셨겠구나, 하는 생각이 듭니다. 왜 좀 더 일찍 깨닫지 못했을까요. 왜 저도 부모가 되고 나서 이제 조금이나마 이해할 수 있게 되었을까요. 야속한 세월 앞에 어느덧 나이 드신 당신의 모습을 보면 마음이 아픕니다. 그래서 어머니(每)를 생각하는 마음(忄)을 더해 '悔'라는 한자로 만들었나 봅니다.

봄이 지나면 여름이 오고, 여름이 지나면 가을이 오듯, 언젠가 어머니도 이 세상에 없는 날이 오겠지요. 떠나는 계절을 붙잡을 수는 없겠지만, 당신과 함께 한 그 찬란했던 봄, 여름, 가을, 그리고 겨울까지 한 줌의 후회라도 남지 않게, 더 늦지 않게 애쓰겠습니다.

감사합니다, 어머니. 사랑합니다, 엄마.

✛ 정확하게 쓰기 ✛

어머니 모

부수　　母 [毋] (말무2, 5획)
모양자　毋(말 무) ㅣ 丶(점 주)
장단음　모:
총획수　5획

매양 매

부수　　母 [毋] (말무2, 5획)
모양자　母(어머니 모) + ㅡ(一)
장단음　매(:)
총획수　7획

바다 해

부수　　氵[水,氺] (삼수변, 3획)
모양자　氵(삼수변 수) + 每(매양 매)
장단음　해:
총획수　10획

뉘우칠 회

부수　　忄[心,㣺] (심방변, 3획)
모양자　忄(심방변 심) + 每(매양 매)
장단음　회:
총획수　10획

어머니 모

매양 매

바다 해

뉘우칠 회

✦ 떠올리며 기록하기 ✦

✳ 나에게 어머니는 어떤 사람인가?

✳ 어머니에게 가장 고마웠던 일은 무엇인가?

✳ 어머니에게 가장 서운했던 일은 무엇인가?

어른의 한자력

넌 강한 사람이란다

弱 약할 약 | 弱 강할 강 | 強 강할 강

사랑하는 아들아, 스스로 약한 사람이라 생각이 들 때, 심지어 너무 약해서 아무것도 할 수 없을 거라는 생각이 들 때, 아빠의 이야기를 떠올려 보렴.

약하다는 뜻의 한자 '弱'은 약한 활시위를 표현한 거래. '弓'(활 궁)의 시위가 약해서 흐늘흐늘한 모습이 바로 弱이라고 하는구나. 반대로 활시위가 탱탱하고 강한 것을 본떠 만든 한자도 있는데, 그건 '弱'이라고 해. 강함과 약함, 이 차이는 활시위가 얼마나 강한지 그 탄성에서 온다는 거야.

사실 활시위는 화살을 직접 당겨서 쏘는 부분이기 때문에 무척 중요해 보이기는 해. 그래서 활시위의 강함이 곧 활의 강함을 결정한다고 생각한 거지. 그런데 그거 아니? 우리나라 전통 활인 각궁(角弓)은 무려 천 보(약 500m) 가량이나 화살을 날릴 만큼 성능이 무척 뛰어난 활이야. 그런데 그 강함은 활시위가 아닌, 활대에 있다는구나. 활시위에는 탄성이 없어도 활대의 탄력으로 많이 휘어지기 때문에 화살이 멀리 날아갈 수 있는 거야. 결국 핵심은 활시위가 아니라, 활시위를 지탱해주는 활대에 있는 거지.

화살을 직접 당기는 활시위가 남들 눈에 직접 보이는 것이라면, 활대는 보이지 않는 것이라 생각한다. 너의 신체 능력, 체력, 재능 따위를 활시위라 생각해 보자. 그래서 몸이 약하다거나, 외모가 멋지지 않다거나, 재능이 부족해 보인다거나... 그런 모습을 보면 사람들이 너에게 약하다고 말할지 몰라. 하지만 활시위보다 중요한 것이 활시위를 지탱하는 활대이듯, 더 중요한 것은 너를 지탱하는 마음가짐이야. 어떤 어려움이 닥쳐도 굴하지 않는 씩씩한 용기, 소중한 것을 쉽게 포기하지 않겠다는 의지, 스스로를 사랑할 줄 아는 자존감, 그런 것들 말이야. 겉보기에 약해 보일지 몰라도 네 안에 그런 마음이 있는 한, 넌 이 세상 누구보다 강한 사람이란다.

강하다는 뜻을 가진 또 다른 한자, '強'은 '弘'(넓을 홍)과 '虫'(벌레 충)이 합해진 한자야. 여기서 虫은 생명력이 끈질긴 쌀벌레를 뜻한다는구나. 누구보다 넓고 큰 마음, 그리고 끈질긴 마음을 가질 때 무척 강한 사람이라는 걸 잊지 말자. 스스로를 더 많이 믿어 주고 더 많이 아껴 주도록 하자. 아빠가 널 믿고 아끼는 것처럼.

약할 약

부수	弓 (활궁, 3획)
모양자	弓(활 궁)＋冫(얼음 빙)＋弓(활 궁)＋冫(얼음 빙)
총획수	10획

강할 강

부수	弓 (활궁, 3획)
모양자	弓(활 궁)＋弓(활 궁)
총획수	6획

강할 강

부수	弓 (활궁, 3획)
모양자	弓(활 궁)＋虽(비록 수)
장단음	강(:)
총획수	11획

✛ 따라 쓰며 마음에 새기기 ✛

약할 약

강할 강

강할 강

✦ 떠올리며 기록하기 ✦

✳ 나는 강한 사람인가, 약한 사람인가?

✳ 내 삶을 지탱해주는 '활대'는 무엇인가?

✳ 나에게 힘을 주는 문장 5개만 적어보자.

초월로 이끄는 힘, 동기 부여
超 뛰어넘을 초 | 越 넘을 월

아들아, 엄청 부끄러울 일은 아니지만, 그렇다고 자랑할 일도 아닌, 네 엄마만 아는 아빠의 비밀이 하나 있었어. 그게 뭐냐면 사실 최근까지도 아빠가 자전거를 탈 줄 몰랐어. 어려서 배울 때를 놓치고 지금까지 몇 번 시도했지만 번번이 실패하고 단념하고 살았지. 누가 자전거 못 탄다고 놀리면 어쩔 수 없지만 그렇다고 사는 데 크게 불편하지도 않았으니까.

그런데 최근 다시 자전거를 배워야겠다는 굳은 결심을 했어. 새삼스레 왜 그랬냐면, 너 때문에. 언제부턴가 네가 아빠랑 같이 자전거를 타고 싶다는 말을 하기 시작하니 움찔하게 된 거야. 아들이랑 같이 자전거 타는 추억도 하나 못 만들어 주는 아빠라니... 그래서 비록 노쇠한 몸이 되었지만, 큰마음 먹고 자전거 강습을 신청했단다.

역시나 균형 잡는 게 너무 어렵더라. 엉덩이는 아프고, 땀은 차오르고. 그러다 어찌어찌 안 넘어지고 3초 정도 버텼어! 다음 연습 코스는 낮은 경사로에서 균형을 잡으며 쭉 내려가는 거였지. 아직 평지에서도 제대로 못 타는데 위에서 아래를 내려다보는데 과연 할 수 있을까 싶더라. 하지만 '아들과 자전거 타는 추억을 만들겠다!'라는 일념으로 용기를 내서 땅을 딛고 있던 발을 천천히 들어 올렸어. 그리고 마침내 자전거를 타는 데 성공했어! 그때 그 기분이란! 인생에 가보지 못한 길을 가로막던 장애물 하나를 초월(超越)했다는 성취감이 들었어.

'超'는 '走'(달릴 주)와 '김'(부를 소)가 합해진 한자야. 누군가 부르니까 부리나케 뛰어가는 모습이지. '越'은 '走'와 '戊'(도끼 월)이 합해진 한자란다. 무시무시한 도끼 위를 힘차게 뛰어넘는 모습의 한자야. 수십 년간 아빠

인생에 자전거란 없는 셈 치고 살아왔지만, 또 실패하는 게 두려워서 외면하고 살아왔지만, 네가 아빠랑 함께 자전거를 타고 싶다니까 다시 해봐야겠다는 의지가 생겼어. 그리고 서슬퍼런 도끼처럼 두렵게만 보이던 내리막길을 따라 자전거를 타는 데 성공한 거야. 두려움을 이겨낼 힘, 초월해 낼 수 있는 원동력은 바로 강력한 동기 부여에서 온다는 사실을 아빠는 깨달은 것 같아. 그리고 아빠에게 동기 부여를 일깨워 준 사람은 다름아닌 너였단다.

아빠의 경험을 너에게도 물려주고 싶구나. 인생을 살다 커다란 장애물을 만나거든, 과연 뛰어넘을 수 있을까 주저되거든 이 사실을 기억하렴. 너의 소중한 사람이, 또 소중한 목표가 훌륭한 동기 부여가 되리라는 것을. 너를 초월로 이끄는 강력한 힘이 될 수 있다는 것을.

사랑하는 아들아, 이번 주말에는 아빠와 자전거를 배워볼까? 아빠랑 자전거를 타고 신나게 달려 볼까?

✦ 정확하게 쓰기 ✦

뛰어넘을 초

부수	走 (달릴주, 7획)
모양자	走(달릴 주)+召(부를 소)
총획수	12획

넘을 월

부수	走 (달릴주, 7획)
모양자	走(달릴 주)+戉(도끼 월)
총획수	12획

✦ 따라 쓰며 마음에 새기기 ✦

뛰어넘을 초

越 越 越 越

넘을 월

✦ 떠올리며 기록하기 ✦

✳ 나는 언제 가장 동기부여가 되는가?

✳ 불가능하거나 매우 어려워 보였지만 결국 성공한 경험이 있는가?

✳ 진심으로 원했지만 포기해버렸던 경험이 있는가?

어른의 한자력

소중한 인연이 되어 주셔서 감사합니다

因인할 인 | 緣인연 연

나와 당신이 서로를 알게 된 것은 78억 분의 1이라는 확률을 뚫고 성사된 기적이자 '인연(因緣)'이다. '因'은 '囗'(에운담 위) 안에 '大'(큰 대)가 그려진 모습이다. 大(큰 대)는 양팔을 크게 벌린 사람을 묘사한 것인데, 이 에운담(囗)이라는 세상 속에서 만나게 되는 사람들을 표현한 듯싶다. 우리가 사는 세상은 무척 넓으면서도 좁다. 나와 인연이 닿은 사람이라면 어떤 모습으로 어떻게 맞닥뜨릴지 알 수 없다.

'緣'은 '糸'(가는 실 사)와 '彖'(판단할 단)으로 구성된 한자인데, 원래 옷 가장자리를 다른 헝겊으로 가늘게 싸서 돌리는 가선을 뜻하는 한자라고 한다. 가선이 옷을 감싸듯이 인생도 인연에 감싸여 있다고 해석할 수 있다. 혼자 사는 인생이 아니기에 원하든 원하지 않든 인연을 맺고 인연의 영향을 받으며 살아간다. 당연히 좋은 인연도 있고 악연도 있다. 내 의지로 100퍼센트 통제할 수는 없지만 좋은 인연의 비중을 좀 더 높이는 방법은 있다.

우선 내가 모든 사람에게 좋은 사람이 될 수 있다는 착각, 모든 사람이 내게 좋은 사람이 될 수 있다는 착각부터 버려야 한다. 아무리 노력해도 날 싫어할 사람은 싫어하더라. 관계를 위해 쏟을 수 있는 에너지는 무한하지 않다. 데면데면한 사람에게까지 잘 보이려 에너지를 낭비하기보다 차라리 소중한 사람에게 에너지를 더 쏟는 게 낫다. 모든 사람들과 잘 지내는 것은 포기하자. 최소한 누군가에게 원망을 들을 만한 말과 행동을 하지 않는 것으로 족하다. 스스로 주변에 적을 만들지 않는 것으로 족하다. 모두에게 좋은 사람은 될 수 없을지언정, 누군가에게 나쁜 사람은 되지 않는다면 그것으로 족하다.

좋은 인연을 위해 중요하다고 생각하는 또 한 가지. 한 번 인연이 생긴 사람은 언제 어디서 어떻게 또 만날지 모른다. 그러니 앞으로 더 이상 볼 일 없다 싶어도, 마지막 순간에 더 최선을 다해야 한다. 사람의 기억이란, 마지막 장면에서 멈추기 마련이기에. 입사할 때 첫인상이 좋으면 직장 생활이 순탄해지지만, 퇴사할 때 마지막 인상이 좋으면 인생이 순탄해길 수 있다.

불교에서는 인함(因)을 내 능력으로 잘 되는 요인, 인연(緣)을 주변에서 도와주어서 잘 되는 요인이라 설명한다. 이때 인함(因)은 5% 미만이고 인연(緣)은 95% 이상이라는데, 살아온 날이 하루하루 더해 갈수록 그 말이 맞다고 느낀다. 인생의 대부분을 기댈 수 있게 해주는 고마운 사람들에게 감사드린다. 소중한 인연이 되어 주신 당신에게 진심으로 감사드린다.

어른의 한자력

인할 인

부수	囗 (큰입구몸, 3획)
모양자	囗(나라 국)+大(클 대)
총획수	6획

인연 연

부수	糹 [糸,纟] (실사변, 6획)
모양자	糹(가는 실 멱)+彖(판단할 단)
총획수	15획

✛ 따라 쓰며 마음에 새기기 ✛

인할 인

인연 연

✦ 떠올리며 기록하기 ✦

✳ 기적같은 인연이라 여기는 사람이 있는가?

✳ 나와 가장 오랫동안 알고 지내는 사람은 누구인가?

✳ 가장 아쉬운 이별을 했던 사람은 누구인가?

그대 앞에서 나는 어리석은 사람입니다

偶짝 우 | 遇만날 우 | 寓부칠 우 | 愚어리석을 우

사랑하는 당신에게,

언젠가 한 남자 후배가 그럽디다. 남자들은 원래 전부 멍청이라고. 결혼을 해야 겨우 사람 구실 시작한다고. 돌아보면 적어도 나에게는 그 말이 맞는 것 같습니다. 멍청이, 그저 긴꼬리원숭이(禺)같던 내가 그대라는 사람(亻)을 만나 **짝(偶)**, 인생의 동반자가 된 것은 기적 같은 일입니다.

소개팅 자리에서 처음 만났던 날을 지금도 선명히 기억합니다. 신촌의 어느 파스타 가게였지요. 피자 한 조각을 잘라서 서로 접시에 올려주던 그 순간을, 그때의 떨림을 기억합니다. 우리 중 한 명이라도 소개팅을 거절했다면, 혹여 그날 몸이 좋지 않기라도 했다면, 갑자기 마음이 바뀌었다면 영영 만나지 못 했을 텐데. 하지만 만나야 했던 인연이었기에 우리는 만났고 사랑에 빠졌습니다. 우왕좌왕하며 살던, 그저 한 마리 원숭이(禺) 같던 내 인생. 그렇게 쉬엄쉬엄(辶) 살아가던 중 당신을 **만난(遇)** 것은 기적 같은 일입니다.

정처 없던 인생에도 드디어 몸을 맡길 가정이 생겼습니다. 원숭이(禺)가 살 수 있는 집(宀)이 생겼습니다. 마음의 안식을 **맡길(寓)** 수 있게 되었지요. 때로 다투는 날도 있지만 어제보다 오늘 서로를 좀 더 많이 이해하게 되었고, 오늘보다 내일 더 행복하리라 믿습니다. 앞으로의 남은 인생도 모두 그대에게 맡깁니다. 그대가 그대 인생을 나에게 맡겨 주었듯이. 내 마음을 누군가에게 맡길 수 있다는 것은 기적 같은 일입니다.

나는 원숭이(禺)입니다. 더 정확히 말하면, 원숭이(禺)의 마음(心)을 가진

사람입니다. 그래서 **어리석고(愚)** 우둔합니다. 회사에서는 빠릿빠릿해 보이려 애쓰지만, 다른 사람들 앞에서는 똑똑한 척 하지만, 그대 앞에서만큼은 어리석은 사람이 됩니다. 오로지 그대 한 사람만을 바라보고 사는 우직한 사람이 되겠다고 결심합니다.

이 모든 기적을 그대가 만들어 주었습니다. 그대가 아니었다면 불가능했을 일입니다. 그래서 고맙습니다. 사랑합니다.

짝 우

부수	亻 [人] (사람인변, 2획)
모양자	亻(사람인변 인)＋禺(어리석을 옹)
장단음	우(:)
총획수	11획

만날 우

부수	辶 [辵,辶,辶] (책받침2, 4획)
모양자	辶(쉬엄쉬엄 갈 착)＋禺(어리석을 옹)
총획수	13획

부칠 우

부수	宀 (갓머리, 3획)
모양자	宀(집 면)＋禺(어리석을 옹)
장단음	우:
총획수	12획

어리석을 우

부수	心 [忄,㣺] (마음심, 4획)
모양자	心(마음 심)＋禺(어리석을 옹)
총획수	13획

+ 따라 쓰며 마음에 새기기 +

짝 우

만날 우

사람들 사이를 살아가며 씁니다

寓 寓 寓 寓 ☒ ☒ ☒ ☒

부칠 우

愚 愚 愚 愚 ☒ ☒ ☒ ☒

어리석을 우

✦ 떠올리며 기록하기 ✦

✳ 진심으로 사랑하는 사람이 있는가?

✳ 그를 사랑하는 이유는 무엇인가?

✳ 그에게 가장 고마운 점은 무엇인가?

어른의 한자력

'그러려니' 하지 않기

然 그럴 연 | 諤 그러할 예

돌이켜보면, 어릴 적 나는 무척 여린 성격이어서 상처를 쉽게 받는 편이었다. 어른이 되면서 스스로 '덜 상처 받는 법'에 대한 고민이 필요했다. 그리고 내가 찾은 방법은 이것이었다. '그러려니' 하고 대수롭지 않게 여기는 것. 상처 받는 말을 들어도, 상처 받는 행동을 당해도, 상처 받는 상황에 처해도, 그때마다 '그러려니' 하며 그 순간을 빨리 지나치는 것에 집중했다. 그러면 마음 언저리에 굳은 살은 배길지언정, 상처는 남지 않는 것 같았다. 그렇게 어른이 되어갔다.

'원래 그런 것'이라는 뜻을 가진 한자들이 있다. '자연(自然)'이란 단어에 쓰인 한자 '然'도 그중 하나다. 이 한자는 만들어진 과정이 좀 특이하다. '犬'(개 견), '肉'(고기 육), '火'(불 화)가 결합한 모습인데, 그대로 해석하면 개고기를 불에 구워 먹는 것이다. 우리나라에도 일부 개식용 관습이 남아 있지만, 중국은 지금도 세계 최대의 개고기 소비 국가라 한다. 고대 중국에서 개를 구워 먹는 게 너무 당연해서 이 한자가 생긴 것이 아닐까 싶다. 비슷한 뜻을 가진 또 다른 한자 '諤'는 '言'(말씀 언)과 '㸦'(어조사 혜)가 결합했다. 㸦는 도끼로 나무를 찍을 때 나는 소리를 표현한 한자라고 하니, '나무를 찍으면 원래 소리가 난다' 정도로 해석될 것 같다.

한자의 유래로 본다면 '그러려니' 한다는 것은, '이건 그냥 개고기 구워 먹는 정도의 일이야. 누구나 그렇게 하니까'로 치부하고, '이건 그냥 나무를 도끼로 찍는 정도의 일이야. 누구나 그렇게 하니까'로 치부하는 것과 마찬가지다. 문득 이런 생각이 든다. 그런 일을 당하는 개에게 안타까운 심정을 가져 본 일이 있는가? 찍히는 나무에게 아픈 마음을 가져 본 일이 있는가? 그건 어쩔 수 없는 일이라며 스스로 둔감해지는 동안, 다른 누군가의 상처에도 둔감해지지는 않았는가?

　나이가 들수록 마음에 배긴 굳은살은 더 두꺼워진다. 상처를 드러내지 않으려 애쓰는 동안 남의 상처에도 점점 둔감해져 가는 스스로가 안타깝다. 어른이 된다는 것은 그런 과정일까? 그렇지 않은 어른들도 많은 것 같은데.

　그러려니 해도 될 만한 일에는 그러려니 하되, 그러려니 하면 안 될 일에는 그러려니 하지 않기. 이 사이에서 줄타기 할 줄 아는 사람이 진짜 어른이 아닐까, 하는 생각이 드는 아침이다.

그럴 연

부수	灬 [火] (연화발, 4획)
모양자	灬(연화발 화)＋夕(저녁 석)＋犬(개 견)＋丶(점 주)
총획수	12획

그러할 예

부수	言 [訁,讠] (말씀언, 7획)
모양자	言(말씀 언)＋兮(어조사 혜)
총획수	11획

✦ 따라 쓰며 마음에 새기기 ✦

그럴 연

그러할 예

✦ 떠올리며 기록하기 ✦

✳ 나는 상처를 잘 받는 사람인가?

✳ 마음에 상처가 되는 일이 생겼을 때, 나는 어떻게 반응하는가?

✳ 어른이 된다는 건 무슨 뜻일까?

말이 씨가 됩니다

讒 참소할 참 | 誘 꾈 유 | 護 도울 호 | 辯 말씀 변

'言'(말씀 언)이라는 한자를 보자. 아래에 있는 '口'(입 구)에서 나온 말이 점점 위로 퍼져가는 모양이다. 이렇듯 말은 씨가 되어 여기 뿌려지고 저기 퍼진다.

어떤 言은 '毚'(약은 토끼 참)에 붙어서 **讒**이 된다. 토끼(兔) 한 마리가 다른 토끼(兔)를 훌쩍 뛰어넘듯 약삭빠른(毚) 사람은, 이득을 위해서라면 남을 헐뜯는 말도 주저하지 않는다.

어떤 言은 '秀'(빼어날 수)에 붙어서 **誘**가 된다. 화려한 말솜씨를 자랑하지만 다른 사람을 속이고 꾀어내는 말일 뿐이다. 듣기 좋고 달콤한 말 뒤에 검은 속내가 숨어있는 것은 아닌지, 더 조심해서 들어야 한다.

반면, 어떤 言은 '雈'(잡을 확)에 붙어서 **護**가 된다. 상처 입은 새를 잡아주듯(雈) 따뜻하게 건네는 말 한마디는 대단한 위력을 가진다. 상처 받은 마음을 지켜 주고, 따뜻한 위로를 전한다.

또 어떤 言은 '辛'(매울 신) 사이에 끼어 들어가 **辯**이 된다. 노예처럼 고난(辛)에 처한 약자들 사이에서 변호해주는 말이다. 어쩌면 그들은 자신의 편을 들어주는 말 한마디가 더 간절할지도 모른다.

"예수께서 비유로 여러 가지를 저희에게 말씀하여 가라사대, 씨를 뿌리는 자가 뿌리러 나가서 뿌릴 때 더러는 길가에 떨어지매 새들이 와서 먹어버렸고 더러는 흙이 얇은 돌밭에 떨어지매 흙이 깊지 아니하므로 곧 싹이 나오나 해가 돋은 후에 타져서 뿌리가 없으므로 말랐고 더러는 가시떨기 위에

떨어지매 가시가 자라서 기운을 막았고 더러는 좋은 땅에 떨어지매 혹 백 배, 혹 육십 배, 혹 삼십 배의 결실을 하였느니라." (마태복음 13장 3~8절)

씨가 어디에 떨어지느냐에 따라 말라 버리기도 하고 많은 결실을 맺기도 하듯, 말도 마찬가지다. 말 한마디가 떨어진 곳에 따라 讒이 되기도, 誘기 되기도, 護가 되기도, 그리고 辯이 되기도 한다. 내가 뱉은 말은 어디에 떨 어졌는가? 그리고 무엇이 되었는가?

✦ 정확하게 쓰기 ✦

참소할 참

부수	言 [訁, 讠] (말씀언, 7획)
모양자	言(말씀 언)＋毚(약은 토끼 참)
총획수	24획

꾈 유

부수	言 [訁, 讠] (말씀언, 7획)
모양자	言(말씀 언)＋秀(빼어날 수)
총획수	14획

도울 호

부수	言 [訁, 讠] (말씀언, 7획)
모양자	言(말씀 언)＋蒦(자 확)
장단음	호:
총획수	20획

말씀 변

부수	辛 (매울신, 7획)
모양자	辡(따질 변)＋言(말씀 언)
장단음	변:
총획수	21획

✦ 따라 쓰며 마음에 새기기 ✦

참소할 참

꾈 유

사람들 사이를 살아가며 씁니다

護 護 護 護 ╳ ╳ ╳ ╳

도울 호

辯 辯 辯 辯 ╳ ╳ ╳ ╳

말씀 변

✳ 지금 이 순간 가장 듣고 싶은 말은 무엇인가?

✳ 나는 언제 부정적인 말을 하게 되는가?

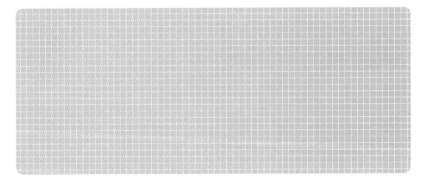

어른의 한자력

평소에 '미리' 잘하자

急 급할 급 | 徐 천천히 할 서

그날 아침 따라 어기적대다가 출근이 늦은 날이 있었다. 자칫 지각을 할 절체절명의 순간! 그런데 온 우주의 기운이 돕는지 지하철도 버스도 딱 맞게 바로 온다. 마치 나를 기다리고 있었다는 듯이! 덕분에 여유롭게 사무실에 도착.

하지만 매일 운이 좋은 것은 아니다. 어떤 날은 승강장에 도착하기 직전에 지하철 문이 닫혀버리고, 정류장을 막 떠난 버스를 안타깝게 지켜 보는 날도 있다. 버스에서 내리자마자 헐레벌떡 뛰어서야 지각하지 않고 가까스로 세이프! 참, 살다 보면 이런 날도 있고 저런 날도 있다.

지하철과 버스 도착 시간이라는 변수가 지각 여부를 결정한 셈이다. 그러면 지하철이 늦게 오는 건 아닌지, 버스가 늦게 와서 지각하는 건 아닌지, 늘 전전긍긍하고 걱정하며 살아야 하나? 그렇지 않다. 딱 10분만 더 일찍 나서면 된다. 평소보다 더 빨리 준비해서 여유를 가지고 출근하면 지각할 확률은 그만큼 내려간다. 지진처럼 어쩔 수 없는 천재지변만 아니라면, 작은 노력이 아주 조금이라도 미래에 영향을 미친다.

'急'이라는 한자의 유래를 보면, 떠나는 사람을 쫓아가며(彐) 붙잡는 마음(心)을 표현한 한자라고 한다. 눈앞에서 버스가 떠날 때 마음이 조급해져서 뒤쫓아 뛰는 마음이다. 다행히 뛰어 오는 나를 본 기사님이 멈춰 주시면 감사하지만 보통은 그대로 떠나 버린다. 버스든 사람이든, 이미 떠나버린 뒤 잡으려 하면 마음만 급해질 뿐이다. 역시 최선의 방법은 버스든 사람이든 떠나기 전에 붙잡는 것이다.

急과 반대의 뜻을 가진 한자는 '徐'다. 천천히 걸어가는(彳) 여유로움(余)이다. 여유는 평소에 미리 잘하고 미리 열심히 하는 사람만 가지는 특권이다. 버스가 떠나기 전에 여유롭게 도착하고, 사람이 떠나기 전에 잘 대한다면, 웬만해서는 버스도 사람도 놓칠 리 없다.

버스가 떠난 뒤 발을 동동 구르며 손 흔드는 것은 부질없는 행동이다. 그러고 싶지 않다면 평소에 미리 잘하자.

어른의 한자력

✦ 정확하게 쓰기 ✦

급할 급

부수	心 [忄,㣺] (마음심, 4획)
모양자	心(마음 심) + 刍(꼴 추)
총획수	9획

천천히 할 서

부수	彳 (두인변, 3획)
모양자	彳(조금 걸을 척) + 余(나 여)
장단음	서(:)
총획수	10획

✦ 따라 쓰며 마음에 새기기 ✦

급할 급

천천히 할 서

사람들 사이를 살아가며 씁니다

✦ 떠올리며 기록하기 ✦

✳ 나는 미리 계획하고 행동하는 사람인가?

✳ 아쉽게 기회를 놓친 적이 있는가?

마음에 마음이 닿다

觸닿을 촉 | 感느낄 감

자전거를 타고 가다 제대로 넘어졌다. 무릎이 바닥에 쓸리면서 바지에 구멍이 뚫리고 피가 철철 흘렀다. 자전거를 타기 시작한 이후로 가장 심하게 다친 날이었다. 일주일 정도 제대로 걷기 힘들 만큼 아팠다. 상처에는 두 종류가 있다. 시간이 지나면 아무는 상처와 시간이 흘러도 아물지 않는 상처. 다행히 아무는 상처라 이 와중에도 감사해야 할 이유는 분명했다.

매일 저녁 아내가 상처를 소독하며 빨간약을 발라주고, 어린 아들이 아빠의 상처난 무릎에 후후 바람을 불어주던 잠깐이 무척 행복했다. 따갑지만 전혀 따갑지 않았고 잠시 아팠던 보상으로 소중한 기억을 두 가지나 얻을 수 있었다. 아내가 조심조심 약을 발라줄 때의 촉감과 아들이 상처 위에 후후 바람 불어주던 촉감의 따뜻한 기억 말이다.

사실 상처 부위를 소독하고, 진물을 긁어내고, 약을 바르는 잠깐 동안 통증이 사라졌을 리는 없다. 하지만 아내가 정성스럽게 약을 발라주는 감각이 전해졌을 때, 통증을 잠시 잊는 행복이 있었다.

'닿다', 또는 '찌르다'는 뜻을 가진 **'觸'**이란 한자를 보면, '角'(뿔 각)과 '蜀'(벌레 촉)이 나란히 있는 모습이다. 뾰족한 뿔이 몸을 찌르거나 벌레가 내 몸에 닿으면 촉각이 곤두선다. 바퀴벌레가 몸 위를 기어다닌다고 상상하면 곧바로 몸서리쳐진다. 하지만 하늘 위를 날아다니는 나비나 잠자리는 오히려 만져 보고 싶어서 손을 이리저리 휘젓는다. 어떻게 받아들이느냐에 따라 촉감도 달라진다. 사랑하는 사람의 손길이 몸에 닿는 것과 낯선 사람이 손길이 몸에 닿는 느낌이 무척 다른 것처럼.

닿았을 때의 느낌을 '感'이라 하는데 '咸'(다 함)과 '心'(마음 심)이 결합한 한 자다. 병사들이 함께 함성을 지르는 모습에서 유래했다는 咸 아래에 心(마음 심)이 온 것은 꽤 의미심장하다. 사람이 모인 것만으로 느낌(感)이 생겨나 지는 않는다, 마음과 마음이 맞닿아야 한다. 미켈란젤로의 작품 '천지창조' 는 신과 아담이 서로 손가락을 뻗는 장면을 포착했다. 신과 인간의 마음이 서로 닿아 소통하려는 장면이다. 약을 발라 주던 아내의 마음, 상처를 힘껏 후후 불어 주던 아들의 마음이 내 마음 깊이 닿았던 순간만큼은 자기 형상 대로 인간을 창조한 신의 마음을 닮지 않았을까.

✦ 정확하게 쓰기 ✦

닿을 촉

부수	角 (뿔각, 7획)
모양자	角(뿔 각)＋蜀(애벌레 촉)
총획수	20획

느낄 감

부수	心 [忄,⺗] (마음심, 4획)
모양자	心(마음 심)＋咸(다 함)
장단음	감:
총획수	13획

✦ 따라 쓰며 마음에 새기기 ✦

닿을 촉

느낄 감

✦ 떠올리며 기록하기 ✦

✳ 누군가와 진심으로 마음이 닿았다고 느낀 적이 있는가?

✳ 가족에게 가장 고마웠던 적은 언제인가?

✳ 누군가가 내 진심을 알아주지 않아 속상했던 적이 있는가?

정말 친하다면

親친할 친 | 交사귈 교

친하다, 가깝다는 뜻을 가진 '**親**'이란 한자를 살펴보면 '친하다'는 의미가 무엇인지 작은 힌트를 얻을 수 있다. 친하다는 것은 무엇을 뜻할까? 가르치는 것? 이끄는 것? 충고하는 것? 親에 그런 뜻을 가진 한자는 보이지 않는다. 다만 '見'(볼 견)이란 한자가 들어 있다. 서 있는(立) 나무(木)를 그저 바라보는 것(見)이 친하다는 뜻이다.

길가에 핀 꽃이 너무 예뻐 보인다고 꺾어서 소유하려 든다면 꽃은 금방 시들고 만다. 꽃과 오랫동안 친하게 지내길 원하면 꽃이 뿌리내린 자리에 그대로 두어야 한다. 꽃을 아낀다고 반드시 무슨 행동을 해야 하는 것은 아니다. 바라만 보는 것으로 족하다. 방관과는 다르다.

누군가와 친하다는 것은 그의 고통과 아픔, 슬픔을 함께 응시한다는 뜻이다. 그가 잘 나가고 얻을 게 있을 때만 본다면 친한 것이 아니다. 힘들고 외로울 때 바라보지 않는다면 또한 친한 것이 아니다. 즐겁거나 힘들거나 언제라도 시선을 거두지 않는 것이 친하다는 뜻이다.

낳아주신 아버지를 다른 말로 '친부(親父)'라 한다. '父'(아비 부)라는 한자를 보고 있으면 '**交**'와 무척 닮았다 싶다. 마치 모자를 쓴 아버지(父)가 지긋이 바라보고 있는 느낌이다. 왜 아버지를 親父라고 해서 親을 넣었을까. 자식의 인생에 함부로 간섭하고 지적하기보다 자식에게 시선을 거두지 않고 늘 자식의 앞길을 응원하며 바라봐 주는 것. 이것이 아버지가 줄 수 있는 최고의 선물이기 때문은 아닐까. 자식을 애틋한 마음으로 지켜보는 아버지의 모습을 닮은 한자 交를 보고 있으면, 그것이 바로 아버지와 자녀의 진정한 사귐이라는 생각이 불쑥 든다.

✦ 정확하게 쓰기 ✦

친할 친

부수	見 [见] (볼견, 7획)
모양자	朿(볼 견)＋亲(친할 친)
총획수	16획

사귈 교

부수	亠 (돼지해머리, 2획)
모양자	亠(돼지해머리 두)＋父(아버지 부)
총획수	6획

✦ 따라 쓰며 마음에 새기기 ✦

친할 친

交 交 交 交

사귈 교

✦ 떠올리며 기록하기 ✦

✳ 친하다고 생각하는 기준은 무엇인가?

✳ 휴대폰 연락처에 저장된 사람들 중 친하다고 생각하는 사람의 비중은
몇 퍼센트인가?

✳ 나는 자식에게 어떤 아버지 또는 어머니가 되고 싶은가?

恨運究停

내 인생을
살아가며 씁니다

인생에 이런 순간이 왔을 때 해야 할 일은
조심스럽게 그 구멍에 손을 넣어 보는 것이다.

한계를 뛰어넘으려면

艮 그칠 간 | 限 한할 한 | 恨 한 한 | 良 어질 량

'艮'은 허리를 굽힌 채로 시선을 내리깐 하인의 모습을 표현하여 '그치다', '한계' 같은 뜻을 가진다. 신분제 사회에서 신분이 낮은 사람은 으레 그렇듯 '어렵다', '가난하다' 등의 뜻도 함께 지녔다. 법적인 신분제는 과거에 이미 없어졌지만 재력, 인종, 학력, 출신지, 성별, 종교, 장애 등 온갖 이유로 인한 차별은 여전히 존재한다.

'限'은 艮옆에 'ß'(언덕 부)라는 커다란 장애물까지 더해진 한자다. 내 힘으로 어찌할 수 없는 한계에 부딪친 현실에 지독한 절망감마저 느껴지는 한자다. 이런 처지에 놓인다면 누구나 세상을 원망할 것이다. 절망감이 마음(忄)에 새겨진 한자가 '恨'이다. 왜 이런 환경에서 자랐는지, 왜 모든 불운은 나에게 향하는 것 같은지, 왜 세상은 불평등한지. 마음속에 원망과 한이 쌓여 간다.

하지만, '안 되면(艮) 어쩔 수 없어'라고 체념하는 대신 용기를 내 艮 위에 작은 점 하나를 찍으면 '良'이라는 완전히 다른 글자로 바뀐다. 어질다, 좋다, 훌륭하다, 아름답다, 착하다... 근사한 뜻을 가진 한자가 된다. 단지 점 하나 찍었을 뿐인데. 한계에 갇힌 인생이 어질고, 좋고, 훌륭하고, 아름답고, 착한 인생으로 변하기 위해 필요했던 것은 점 하나를 찍는 용기와 실행이다.

한계(艮)를 그대로 내버려 두면 영원히 한계이며 마음에 남는 것은 한(恨)일 뿐이다. 하지만 한계 위에 점을 찍으면 삶은 훌륭하게(良) 바뀐다. 나는 어려운(艮) 삶을 살고 싶은가, 훌륭한(良) 삶을 살고 싶은가. 그 차이는 단지 점 하나에 있다.

✛ 정확하게 쓰기 ✛

그칠 간

부수	艮 (괘이름간, 6획)
모양자	彐(一)+乀(파임 불)+丿(삐침 별)
장단음	간:
총획수	6획

한할 한

부수	阝[阜, 自] (좌부변, 3획)
모양자	阝(좌부변 부)+艮(괘 이름 간)
장단음	한:
총획수	9획

한 한

부수	忄[心, 小] (심방변, 3획)
모양자	忄(심방변 심)+艮(괘 이름 간)
장단음	한:
총획수	9획

어질 량

부수	艮 (괘이름간, 6획)
모양자	艮(괘 이름 간)+丶(점 주)
총획수	7획

✛ 따라 쓰며 마음에 새기기 ✛

그칠 간

한할 한

어른의 한자력

恨 恨 恨 恨

한 한

良 良 良 良

어질 량

✦ 떠올리며 기록하기 ✦

✳ 나의 가장 큰 한계는 무엇인가?

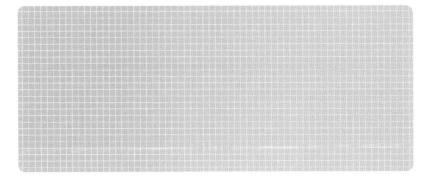

✳ 한계를 극복하기 위해 어떤 노력을 해보았는가?

인생은 운칠기삼

運옮길/운 운 | 連잇닿을/거만할 련

'運'은 '辶'(쉬엄쉬엄 갈 착)과 '軍'(군사 군)이 합쳐진 한자다. 대규모 군대가 천천히 이동하는 모습에서 '움직이다'라는 뜻이 나왔는데, 흔히 '운이 좋다'고 말할 때 운의 뜻도 함께 가지고 있다. '운'은 고정되어 있지 않고 늘 움직이기에 운이다. 오늘은 운이 좋았다가도 내일은 불운할 수 있는 게 인생이다.

그런데 왜 굳이 군대를 의미하는 '軍'과 결합했을까. 내 생각에 세상에는 다양한 움직이는 것들이 있지만 사람들이 (특히 옛날에는 더욱) 한 곳에 운집하는 가장 거대한 집단이 군대이기 때문이다. 거대한 조직인 군대에서 병사 한 명은 일부일 뿐이다. 마치 이 넓고 넓은 지구 한 모퉁이에 붙어서 살아가는 우리들 모습 같다.

누군가는 군대에서 높은 자리까지 오르지만 누군가는 진급에 실패한다. 이 갈림길은 실력과 노력의 차이에도 있지만, 단지 그것만 모든 성공을 보장하지는 않는다. 뛰어난 실력을 가져도 하필 진급 시점에 자리가 나지 않아 진급을 못하는 경우도 있다. 때로는 인사권자의 미움을 받아 밀려난다. 부하 직원의 잘못 때문에 뜻하지 않게 책임을 지는 일도 생길 수 있다. 내가 진급의 행운을 거머쥐었다면, 대신 불운을 겪는 누군가도 반드시 있다.

우리가 살아가는 세상도 마찬가지. 세상은 무척 복잡하고 거대하며, 알지 못하는 변수들이 넘쳐난다. 외부 요인들이 때로 개인의 인생에도 큰 영향을 미친다. 아무리 노력해도 안 될 때도 있고, 어떤 때는 노력 이상의 보상을 얻기도 한다. 일희일비하는 대신 인생의 목표를 향해 용기를 잃지 않고 뚜벅뚜벅 계속해서 걸어가는 의지가 더 중요할 뿐이다.

어른의 한자력

運 위에 위치한 '冖'(덮을 멱)은 마치 세상을 덮고 있는 하늘을 표현하는 것 같다. 冖을 지워버리면 '連'이란 한자가 된다. 더 높은 곳에 하늘이 있다는 것을 모르고, 성공을 오로지 자신의 재능과 노력 덕분으로만 여기는 사람은 거만하다. 운칠기삼(運七技三)이라 하지 않았던가. 성공했다면 7할의 '운' 덕분으로 여기며 겸손하자. 혹여 운이 없어서 실패했더라도, 그래도 남아 있는 3할의 노력을 믿고 다시 힘내서 일어나자. 이것이 운명을 대하는 올바른 태도다.

✦ 정확하게 쓰기 ✦

옮길 / 운 운

부수	辶 [辵,辶,辶] (책받침2, 4획)
모양자	辶(쉬엄쉬엄 갈 착)＋軍(군사 군)
장단음	운:
총획수	13획

잇닿을 / 거만할 련

부수	辶 [辵,辶,辶] (책받침2, 4획)
모양자	辶(쉬엄쉬엄 갈 착)＋車(수레 차)
총획수	11획

✦ 따라 쓰며 마음에 새기기 ✦

옮길 / 운 운

잇닿을 / 거만할 련

✦ 떠올리며 기록하기 ✦

✳ 로또에 당첨되면 가장 먼저 하고 싶은 일은 무엇인가?

✳ 인생에서 가장 운이 없었던 일은 무엇인가?

✳ 인생에서 운이 더 중요할까, 노력이 더 중요할까?

나를 더 사랑해 주세요

空 빌 공 | 突 갑자기 돌 | 究 연구할 구

'空'은 비어있는 상태를 의미한다. 모든 것이 허전하고 헛되이 느껴지는 마음 자체이기도 하다. 空은 '穴'(구멍 혈)과 '工'(장인 공)이 더해진 글자인데 '工'은 흙을 단단히 다질 때 쓰는 도구인 달구를 표현한 것이라고 한다. 기구를 이용해 열심히 흙을 파서 다진 구멍이 바로 空이다. 원래부터 있던 구멍이 아니라 열심히 일한 결과로 뚫린 구멍이다. 그래서일까. 인생을 열심히 살아온 사람일수록 오히려 더 큰 허전함과 공허함에 시달리고 인생무상을 느끼는 경우가 많다.

마음이 텅 비어버리면 어디로 향할지 모른다. 구멍(穴)에서 갑자기 개(犬)가 뛰쳐나오는 모습의 한자 '突'처럼, 마음에서 갑자기 무엇이 튀어나올지 알 수 없다. 갑작스러운 분노가 나올지, 슬픔이 나올지, 원망이 나올지... 무슨 감정이 나와 어디로 튈지 모르게 된다.

인생에 이런 순간이 왔을 때 해야 할 일은 조심스럽게 그 구멍에 손을 넣어 보는 것이다. 구멍 안에 무엇이 있는지 손으로 더듬으며 찾아 본다. 구멍(穴) 안에 손을 넣어 찾는 모양 '九'(아홉 구)가 결합한 한자 '究'처럼 말이다. 이 한자가 마음이 비었다고 느껴지면 내버려두지 말고 용기 내어 손을 넣어보라고 말해주는 듯하다. 가족을 위해, 회사를 위해, 다른 누군가를 위해 애쓰는 그 시간과 노력의 10분의 1만이라도 자신을 위해 써보라고.
그렇게 나를 더 사랑해 주라고.

어른의 한자력

✦ 정확하게 쓰기 ✦

빌 공

부수	穴 (구멍혈, 5획)
모양자	穴(구멍 혈)＋工(장인 공)
총획수	8획

갑자기 돌

부수	穴 (구멍혈, 5획)
모양자	穴(구멍 혈)＋犬(개 견)
총획수	9획

연구할 구

부수	穴 (구멍혈, 5획)
모양자	穴(구멍 혈)＋九(아홉 구)
총획수	7획

✦ 따라 쓰며 마음에 새기기 ✦

빌 공

갑자기 돌

究 究 究 究

연구할 구

✦ 떠올리며 기록하기 ✦

✳ 내 신체 부위 중에서 가장 뽐내고 싶은 곳은 어디인가?

✳ 가장 마음에 드는 내 성격은 무엇인가?

✳ 나는 언제 공허함을 느끼는가?

난 멈출 줄 아는 사람인가

停머무를 정 | 止그칠 지

　회사 가는 길에 신호등이 없는 횡단보도가 있다. 평소에는 차가 많지 않은 1차선 도로지만, 차량이 몰리는 시간이면 끊임없이 오고 간다. 한 대만 잠시 멈추면 건널 수 있는데 쌩쌩 지나가는 차들이 조금 야속하다. 문득 그런 생각이 든다. 우리는 왜 바쁘게 앞으로 달려가기에만 여념이 없을까. 왜 잠시 멈추는 것에 인색할까.

　하염없이 기다리다 드디어 차 한 대가 횡단보도 앞에 '정지(停止)'했다. 운전자에게 가볍게 목례로 감사 인사를 전하고 길을 건넌다. 덕분에 멈춰 있던 내가 길을 갈 수 있게 되었다.

　인생길을 걷다 보면 횡단보도가 놓인 길을 건너야 할 때가 있다. 누군가는 반드시 멈춰야 한다. 내가 멈추면 운전자가 지나갈 수 있고, 운전자가 멈추면 내가 지나갈 수 있다. 이렇게 서로를 위해 멈춰야 할 때가 있다. 잠시 기다리는 시간이 아깝다고 보행자와 운전자가 서로 멈추지 않으면 사고가 난다.

　멈추다는 뜻의 한자 '停'은 '머무름'을 의미한다. 사람(亻)이 정자(亭)에 잠시 머무르는 것이다. 같은 뜻의 '止'는 바쁜 걸음을 멈춘 발 모양을 표현한 한자다. 인생이라는 머나먼 여정을 계속 가려면 발걸음을 멈추고 정자에 머무르는 시간이 필요하다. 때로는 내가 그 정자가 되어 여행객들이 머물렀다 가도록 하고, 또 내가 힘들 때는 정자가 되어 주는 다른 사람 곁에 머물 수 있어야 한다. 서로를 위해 머물 수 있을 때 계속 살아갈 힘을 얻는다. 마치 횡단보도 앞에서 차가 멈추거나 보행자가 멈출 때 차도, 보행자도 자신의 길을 갈 수 있는 것처럼.

　앞만 보고 달려가는 것밖에 모르는 사람에게 다른 사람이 머물 공간은 없다. 난 멈추어야 할 때 멈출 줄 아는 사람인가?

✦ 정확하게 쓰기 ✦

머무를 정

부수	亻 [人] (사람인변, 2획)
모양자	亻(사람인변 인) ㅣ 亭(정자 정)
총획수	11획

그칠 지

부수	止 (그칠지, 4획)
모양자	止(그칠 지)
총획수	4획

✦ 따라 쓰며 마음에 새기기 ✦

머무를 정

그칠 지

✦ 떠올리며 기록하기 ✦

✳ 지금 계속 앞으로 달려가는 중인가, 잠깐 멈춰 서서 쉬고 있는 중인가?

✳ 나의 하루는 매일 똑같이 반복되는가, 늘 새롭다고 느껴지는가?

✳ 지금 당장 여행을 떠난다면 어디로 가고 싶은가?

한 걸음 더 내딛기

正 바를 정 | 定 정할 정 | 征 칠 정

'正'은 '一'(한 일)로 그어진 선 앞에서 '止'(그칠 지), 멈추는 것이다. 일정한 선을 넘지 않고 멈추는 것, 지나치게 욕심을 부리지 않는 것, 더불어 사는 인간으로 '해서는 안 될 일'은 하지 않는 것이 바르다는 의미다.

하지만 다른 측면에서도 생각해 보자. '해서는 안 될 일'을 누군가가 함부로 규정짓고 있는 것은 아닌지, 이 선이 삶을 억압하는 도구로 악용되고 있는 것은 아닌지.

"잘 다니던 회사 때려치우고 스타트업을 해보겠다고? 니가 그걸 할 수 있을 것 같아?"

"남자는 돈 벌어오고, 여자는 집에서 애 보고. 그게 당연한 거야."

"다니던 회사나 열심히 다닐 것이지, 무슨 작가를 하겠다고. 세상이 만만하냐?"

내 앞에 일(一)자로 선을 주욱 그으며, 멈추라고(止) 한다. 그리고 자신의 말이 바른 것(正)이라고 한다. 이런 말을 들으면 또 다른 한자를 기억하자. 正 위에 '宀'(집 면)이 더해져 만들어진 한자 '定'을. 내 인생에 '바름'을 규정할 수 있는 사람은 오로지 자신뿐이라는 것을. 자신의 인생은 자신이 사는 것이다. 나에게 중요한 결정은 내가 내리는 것이고, 선택에 따른 책임도 오롯이 내가 진다.

正 옆에 '彳'(조금 걸을 척)이 오면 '征'이 된다. 앞에 가로놓인 선 앞에 멈칫할 때, 용기를 내어 彳(조금 걸을 척)처럼 한걸음만 더 내딛어 보자. 남들이 편견을 갖고 안 될 거라 여기는 선을 천천히 넘어 보자. 내 인생을 진정한 내 것으로 만들자.

✛ 정확하게 쓰기 ✛

바를 정

부수	止 (그칠지, 4획)
모양자	止(그칠 지)+一(한 일)
장단음	정(:)
총획수	5획

정할 정

부수	宀 (갓머리, 3획)
모양자	宀(집 면)+疋(짝 필)
장단음	정:
총획수	8획

정복할 정

부수	彳 (두인변, 3획)
모양자	彳(조금 걸을 척)+正(바를 정)
총획수	8획

✛ 따라 쓰며 마음에 새기기 ✛

바를 정

정할 정

정복할 정

✦ 떠올리며 기록하기 ✦

✳ 죽기 전에 꼭 해보고 싶은 일은 무엇인가?

✳ 지난 10년간 정말 하고 싶었지만 못했던 일은 무엇인가?

어른의 한자력

날마다 글쓰는 유익

書글 서 | 智지혜 지

글은 쓰면 쓸수록 무척 어렵다는 생각이 든다. 한때 스스로 글을 꽤 쓴다고 생각한 적도 있었지만, 꾸준히 써보니 조금은 알 것 같다. 글을 쓰는 것은 결코 쉬운 일이 아닐뿐더러 나는 이 어려운 일을 쉽게 해낼 만큼 잘 쓰는 사람은 아니라는 사실을 말이다. 결국 꾸준히 쓰는 끈기와 노력만이 내게 주어진 무기다.

글이라는 뜻을 가진 '書'는 '聿'(붓 율)과 '曰'(가로 왈)이 합해진 한자다. 성인의 말씀을 붓으로 기록한 것이니, 새겨들을 말을 글로 남긴다는 뜻이 되겠다. 그런데 書의 한자를 曰이 아니라, 비슷한 모양인 '日'(날 일)이라고 마음대로 해석해보면 어떨까? 그렇다면 날마다 붓을 든다는 뜻으로 읽힌다. 이 해석이 조금 더 마음에 든다. 글은 잘 쓰든 못 쓰든 날마다 써야 한다. 꾸준히 쓰다 보면 필력도 조금씩 나아지리라 믿는다.

더 나은 인생을 살고자 한다면 많은 독서와 경험이라는 인풋이 무척 중요하다. 더불어 그 인풋은 사색이라는 과정을 거쳐 글이라는 아웃풋으로 표출될 수 있어야 한다. 마치 많이 먹는다고 무조건 좋은 게 아니라 열심히 운동을 병행해야 더 건강해지는 것과 같은 이치다. 소위 '지식의 비만' 상태에 빠지고 싶지 않다면, 독서에 만족하지 말고 더 많이 사색하고 글을 써야한다. 그리고 글쓰기 다음의 마지막 종착점은 글을 쓴 대로 반성하고 실천하며 사는 것임을 기억하자.

지식을 많이 습득하는 것은 '知'(알 지)다. 하지만 많이 아는 것이 곧 삶의유익을 의미하지 않는다. 선무당이 사람 잡는다는 말처럼 단편적인 지식은오히려 스스로를 확증편향에 빠뜨릴 위험이 있다. 날마다(日) 알고자(知) 할 때 '智'가 된다. 알고 있는 것에 대해 '날마다' 곱씹어 봐야 비로소 지혜가 되는 것이다. 날마다 더 많이 읽고, 더 많이 사색하고, 더 많이 쓰는 연습이 중요한 이유다. 매일 같은 시간, 새벽에 일어나 노트북을 열고 글을 쓰기 시작한 이유다.

✦ 정확하게 쓰기 ✦

글 서

부수	日 (가로왈, 4획)
모양자	日(가로 왈)+聿(붓 율)
총획수	10획

지혜 지

부수	日 (날일, 4획)
모양자	日(날 일)+知(알 지)
총획수	12획

✦ 따라 쓰며 마음에 새기기 ✦

글 서

지혜 지

✦ 떠올리며 기록하기 ✦

✳ 나는 1년에 책을 몇 권 정도 읽는가?

✳ SNS에는 주로 어떤 글, 사진, 동영상을 남기는가?

어떻게 죽을 것인가

去 갈 거 | 法 법 법 | 怯 겁낼 겁

'가다'라는 뜻의 '去'는 '土'(흙 토)와 '厶'(사사 사)가 합쳐진 한자다. 한자 '口'(입 구)가 厶로 바뀌어 쓰이게 된 경우도 많았음을 감안하면, 去는 흙 아래 들어가는 口(입 구)가 된다. 사람은 누구나 인생의 끝에는 흙 아래 묻히게 된다는 말이다. 돈 많은 사람이나 없는 사람이나, 지위가 높은 사람이나 낮은 사람이나, 차별이 없다. 누구나 같은 곳으로 '간다'는 것이 去의 의미다.

물이 위에서 아래로 흐르는 것과 같이 자연스러운 일이다. 去 옆에 '氵'(물 수)가 오면 '法'이 된다고 해석하는 이유다. 인간이 살아서는 아무리 대단한 존재라 해도, '죽음'이라는 법칙만큼은 결코 바꿀 수 없는 것이 인생의 순리다.

사람은 누구나 죽음을 두려워한다. 간다(去)는 사실을 마음(忄)에 두면 '怯'이 되듯이, 언젠가 죽을 거란 생각을 하면 겁이 난다. 하지만 그저 겁낼 일만은 아니다. 인생의 끝에 죽음이 있다는 것은, 오늘 눈뜨고 일어나 하루를 보내고 다시 잠에 드는 것만큼이나 자연스러운 일이니까.

우리 모두는 각자 자기 앞에 놓인 '인생'이라는 길을 열심히 걸어간다. 이 길이 어디로 향할지 막막할 때도 있고, 갑작스러운 갈림길 앞에 고민도 하면서. 열심히 걸어가지만 종착지는 누구에게나 동일하다. '죽음'. 그렇기에 열심히 산다는 것은, 곧 열심히 죽어간다는 말과 같다. '어떻게 살 것인가?'라는 질문은 '어떻게 죽을 것인가?'라는 질문과 같다.

空手來空手去(공수래공수거), 빈손으로 왔다 빈손으로 가는 것이 인생이라

했다. 돈을 열심히 벌기 위해 인생을 살다가도 번 돈을 세상에 남겨둔 채 빈손으로 떠날 것이다. 멋진 책 한 권을 쓰기 위해 인생을 살았다면, 그 책을 세상에 남겨둔 채 빈손으로 떠날 것이다. 다른 누군가를 위해 인생을 살았다면, 그 사람을 남겨둔 채 빈손으로 세상을 떠날 것이다. 남겨진 돈은 누군가에 의해 쓰일 것이고, 남겨진 책은 누군가에 의해 읽힐 것이고, 남겨진 사람은 내가 살았던 인생을 기억해 줄 것이다.

누구나 빈손으로 세상을 떠난다. 나는 떠날 때 세상에 무엇을 남기고 싶은가?

✦ 정확하게 쓰기 ✦

갈 거

부수	厶 (마늘모, 2획)
모양자	厶(사사 사) + 土(흙 토)
장단음	거:
총획수	5획

법 법

부수	氵 [水,氺] (삼수변, 3획)
모양자	氵(삼수변 수) + 去(갈 거)
총획수	8획

겁낼 겁

부수	忄 [心,小] (심방변, 3획)
모양자	忄(심방변 심) + 去(갈 거)
총획수	8획

✦ 따라 쓰며 마음에 새기기 ✦

갈 거

법 법

怯 怯 怯 怯

깁녤 섭

✦ 떠올리며 기록하기 ✦

✳ 나를 가장 슬프게 했던 죽음은 누구의 죽음인가?

✳ 나의 장례식에 꼭 왔으면 하는 사람은 누구인가?

Bravo my forty!

不 아닐 불/아닐 부 | 惑 미혹할 혹

'불혹'(不惑)의 나이다. 한창 수능 공부하고 군에 입대하고 취업 준비를 하던 게 엊그제 같은데. 시간이 빨리 지나길 바라던 때도 있었지만 이제는 1년, 1년 가는 시간이 아쉬운 나이로 접어들었다.

불혹은 미혹되지 않는다는 뜻이다. '惑'은 '或'(혹시 혹)과 '心'(마음 심)이 결합한 한자다. 或은 창(戈)을 들고 성(口)을 지키는 모습을 묘사한다. 경비병이 적군의 침입을 경계하는 것에서 '혹시'라는 뜻을 갖게 되었다. 혹시 적군이 언제 쳐들어올지 몰라 갈팡질팡 헷갈리는 마음을 의미한다.

인생도 갑자기 무슨 일이 생길지 모른다. '혹시' 모를 상황에 잘 대비하며 사는 것은 훌륭한 자세지만, 불안해서 삶의 주도권까지 놔버리면 곤란하다. 줏대를 잃으면 다른 사람들의 말에 쉽게 휘둘린다. 귀를 열고 필요한 말은 잘 경청하되, 그 말을 판단하는 뚜렷한 주관은 반드시 가져야 한다. 모든 사람이 맞다고 해도 옳고 그름은 나름의 가치관과 기준으로 판단할 수 있어야 하는 나이, 세태와 풍조에 이리저리 쉽사리 휩쓸리지 않는 나이가 바로 '불혹'이다.

'不'의 유래도 재미있다. 씨앗이 아직 싹을 틔우지 못한 모습으로, 아직 아무것도 '아니다'는 뜻을 가진다. 땅속의 씨앗처럼 아직 아무것도 아니다. 하지만 나이 마흔, 이제 인생의 싹을 멋지게 탁! 틔우기 시작할 딱! 좋은 나이다. 이 싹이 소나무가 될지, 콩나물이 될지 모르지만 어떤 형태로든 세상에 조금이나마 기여하는 삶을 살고 싶다.

불혹을 맞은 모든 동지들이여, 함께 외쳐보자. Bravo my life! Bravo my forty!

✦ 정확하게 쓰기 ✦

아닐 불 / 아닐 부

부수	一 (한일, 1획)
모양자	丆(구결자 면) + ㅣ(뚫을 곤) + 丶(점 주)
총획수	4획

미혹할 혹

부수	心 [忄,㣺] (마음심, 4획)
모양자	心(마음 심) + 或(혹 혹)
총획수	12획

✦ 따라 쓰며 마음에 새기기 ✦

아닐 불 / 아닐 부

미혹할 혹

✦ 떠올리며 기록하기 ✦

✳ 마흔 살이 되면 어떤 삶을 살고 있을까? 또는 마흔 살에 나는 어떻게 살고 있었는가?

✳ 10년 후, 20년 후 나에게 하고 싶은 말은?

자나깨나 (머리에도) 불조심
思 생각 사 | 煩 번거로울 번

한자, '思'의 본자는 '囟'(정수리 신) 아래에 '心'(마음 심)이 들어간 '恖'라고 한다. 머리와 마음에서 함께 생각한다는 뜻이 흥미롭다. 그런데 머리에 생각이 너무 많은 나머지 불이 나는 모습을 표현한 한자도 있다. '頁'(머리 혈)에서 火(불 화)가 나는 모습을 표현한 '煩'이다. 괴롭다는 뜻도 있다. 생각이 너무 많아 번잡해지면 머리에서 불이 난다. 스트레스가 덮쳐 오고 煩(번)아웃에 이른다.

깊은 생각이 필요할 때가 있다. 하지만 생각을 멈추고 잠시 내려놓아야 할 때도 분명히 있다. 특히 자신의 힘으로 어쩌기 힘든 어려움에 봉착했을 때, 스트레스에 매몰되어 스스로를 더 괴롭히기보다 그냥 발 닦고 자는 게 더 나을 수도 있다. 어떤 상황에서 무슨 계기로 어려운 문제가 갑자기 해결될지 누구도 모른다.

자신의 왕관이 순금인지 알아내라는 왕의 명령에 고대 그리스 수학자 아르키메데스는 깊은 고민에 빠졌다. 왕관을 직접 녹여 보는 것 말고는 전혀 답이 안 나오는 문제에, 아르키메데스는 잠시 생각을 멈추고 목욕을 하러 갔다. 탕 속에 몸을 담그자 수위가 높아지는 것을 보고 같은 방법으로 문제를 해결할 수 있다는 사실을 깨달았다. 발견에 흥분한 나머지 알몸인 것도 잊고 '유레카!'('알아냈다!')라며 달려 나갔다는 이야기는 무척 유명하다.

어려운 상황에 빠졌을 때 해결하려는 자세, 끝까지 책임지는 자세는 무척 중요하고 훌륭하다. 다만 누구나 고개를 끄덕일 만큼 최선을 다했다면 그것으로 됐다. 머리에 연기가 나고 불이 날 것 같으면 생각을 멈추고 머리를 식혀야 한다. 세상에는 내가 할 일, 남이 할 일, 하늘이 할 일이 있다고 하

어른의 한자력

지 않은가. 할 일에 죽을 힘을 다해 애썼다면, 그걸로 됐다. 하늘은 스스로 돕는 자를 돕는다고 했으니 그 말을 한 번 믿어 보고 내려놓는 연습도 괜찮을 듯 싶다.

생각 사

부수	心 [忄, 㣺] (마음심, 4획)
모양자	心(마음 심) + 田(밭 전)
장단음	사(:)
총획수	9획

번거로울 번

부수	火 [灬] (불화, 4획)
모양자	火(불 화) + 頁(머리 혈)
총획수	13획

✦ 따라 쓰며 마음에 새기기 ✦

생각 사

번거로울 번

✦ 떠올리며 기록하기 ✦

✳ 나는 스트레스를 어떻게 푸는가?

✳ 나는 스트레스를 받으면 참는 편인가, 방출하는 편인가?

내 그릇이 작음을 염려하자

吠 짖을 폐 | 器 그릇 기

'一犬吠形百犬吠聲 (일견폐형백견폐성)'
'개 한 마리가 무언가를 보고 짖으면 다른 개들은 소리만 듣고 따라 짖는다.'

한 사람이 그럴듯한 거짓말을 하면 다른 사람들도 그것이 사실인 양 퍼뜨리는 것을 뜻한다. 사회 생활을 하다 보면 간혹 그런 사람을 본다. 거짓말까지 적당히 섞어 자신을 포장하고 과시하는 부류. 이면에는 '허세'와 '과시욕'이 있다. '내가 이만큼 대단한 사람이야!' 자랑하고 주변에도 소문내고 싶어 한다.

섣부른 일반화는 금물이지만 이런 사람들이 주로 보이는 한 가지 특징이 있다. '실행'이 없다는 것. 말은 청산유수처럼 하지만 오로지 말뿐이다. 행동으로 뒷받침되지 않는 말잔치는 점점 '개소리'로 보이고 신뢰도 잃을 것이다. 실속 없는 말은 밑천이 금세 드러난다.

'吠'(짖을 폐). 개(犬)가 입(口)으로 짖는다는 뜻이다. 혹여라도 내 말이 개소리로 치부되고 싶지 않다면 어떻게 해야 할까. 결국 실행이다. 할 수 있는 일이 짖는 것뿐이라면, 짖고(口), 짖고(口), 짖고(口), 또 짖어야(口) 한다. 그렇게 네 번 짖으면(口), '器'는 한자가 된다. 말만 앞세우는 사람이 되고 싶지 않다면, 큰 그릇이 될 사람임을 보여 주고 싶다면, 계속 도전하고 실행해야 한다. 고작 한 번 해보고 '내가 다 해봐서 알아'라고 말하는 것도, 혹은 '난 해봤는데 안 되더라'고 말하는 것도 모두 짖는(吠) 소리에 그칠 뿐이다. 말을 현실로 만들려고 계속 실행하는 사람이 그릇(器)을 만들어 낸다. 자신의 실력을 제대로 담아낼 그릇 말이다.

무리수를 두어서라도 성공하려 했지만 결말은 파국을 맞이한 사례는 너무 흔하다. 여자 스티브 잡스라는 찬사를 받았지만 결국 사기꾼으로 추락한 미국의 사업가 엘리자베스 홈즈처럼. 남보다 앞서려는 조바심과 단기간에 부와 명예를 얻으려는 욕심 때문에 결국 자신을 망치고 만 사람들이 세상에 얼마나 많은가. 나는 그런 삶을 살고 싶지 않다. 그런 유혹에서 자유로운 삶을 살고 싶다.

"좀 느리게 가도 괜찮아. 조바심 내지 마. 느린 속도를 염려하지 말고 내 그릇의 크기가 이것밖에 안 되는 걸 염려하자."

그릇이 작은 사람은 그릇을 빠르게 채우지만, 그 이상 채우지 못한다. 그릇이 큰 사람은 그릇을 채우는 데 오랜 시간이 걸리지만, 훨씬 많은 것을 채운다. 더 나은 인생을 살기 위해 욕심내야 할 것이 있다면, 그것은 속도가 아니라 그릇의 크기다. 짓고, 짓고, 짓고, 또 짓어서 그릇의 크기를 계속 넓혀나가는 데 있다.

+ 정확하게 쓰기 +

짖을 폐

부수	口 (입구, 3획)
모양자	冂(입 구)＋犬(개 견)
장단음	폐:
총획수	7획

그릇 기

부수	口 (입구, 3획)
모양자	㗊(뭇입 즙)＋犬(개 견)
총획수	16획

+ 따라 쓰며 마음에 새기기 +

짖을 폐

그릇 기

✦ 떠올리며 기록하기 ✦

✳ 내 인생 최대의 도전은 무엇이었나?

✳ 수단과 방법을 가리지 않고서라도 가지거나 해보고 싶었던 일이 있는가?

스스로 살피며 살아야 하는 이유

生날 생 | 死죽을 사 | 省살필 성

화장실에서 미끄러져 넘어진 적이 있었다. 손에 쥐고 있던 휴대폰이 먼저 바닥에 부딪치면서 손목 부근의 가벼운 찰과상으로 그친 것이 천만다행이었다. 화장실에도 휴대폰을 들고 가는 안 좋은 버릇이 이럴 때 도움이 되다니. 머리를 먼저 세게 부딪히기라도 했다면? 상상도 하기 싫다.

이 일을 겪으니 다시 한번 죽음에 대해 묵상하게 된다. 어제도 살고 오늘도 살기에, 내일도 당연히 살고 있을 것이라 의심 없이 하루를 보내지만, 죽음은 사실 언제 어디서 어떻게 마주칠지 모른다. 멋진 사진을 찍으려고 절벽 근처에 갔다가 추락한 사람도 있고, 약 60만 분의 1의 확률로 벼락에 맞아 죽는 사람도 있다. 불과 몇 년 전만 해도 몰랐던 코로나19라는 바이러스 때문에 안타까운 사망자가 생길지 예상이나 했던가. 인생은 생(生)과 사(死)의 경계에서 생각보다 멀지 않다.

삶을 뜻하는 한자 '生'은 땅 위에 새싹이 돋아나는 모습을 표현한 한자다. '死'는 '歹'(뼈 알)과 '匕'(비수 비)가 합해진 한자다. 生은 땅처럼 그어진 一(한 일) 위로 생명이 솟아나고, 死는 一 아래로 뼈가 묻힌 듯한 모습이 대조적이다. 마치 종이 한 장 같은 一을 경계로 생(生)과 사(死)가 서로 멀지 않은 곳에 있음을 알려 주는 것 같다.

죽음이 늘 가까운 곳에 있다는 것을 알게 되면 동시에 삶이 얼마나 감사한지도 깨닫게 된다. '省'은 '少'(적을 소)와 '目'(눈 목)이 결합한 한자지만, 갑골문에는 少가 아니라 生이 그려져 있다고 한다. 눈(目)으로 생(生)을 살피며 사는 것이 바로 省의 뜻이라니. 인생을 허투루 낭비하지 말고 스스로 잘 살피라며, 이 한자가 나에게 충고한다.

✛ 정확하게 쓰기 ✛

날 생

부수	生 (날생, 5획)
모양자	丿(丿)+土(흙 토)
총획수	5획

죽을 사

부수	歹 [歺] (죽을사변, 4획)
모양자	歹(살 바른 뼈 알)+匕(비수 비)
장단음	사:
총획수	6획

살필 성

부수	目 (눈목, 5획)
모양자	目(눈 목)+少(적을 소)
총획수	9획

✛ 따라 쓰며 마음에 새기기 ✛

生 生 生 生

날 생

死 死 死 死

죽을 사

省 省 省 省

살필 성

✦ 떠올리며 기록하기 ✦

✳ 죽음과 가까이 있다고 느낀 적이 있는가?

✳ 나는 언제 가장 살아있다고 느끼는가?

✳ 나는 얼마나 자주 스스로 돌아보는 시간을 가지는가?

편협하지 않기 위한 3가지 방법

偏치우칠 편 | 篇책 편 | 編엮을 편 | 遍두루 편

'扁'(작을 편)은 원래 예전 현관문 위에 걸린 편액, 즉 현판을 뜻하는 한자다. 경복궁이나 서원 같은 옛 건물 중앙에 걸린 편액은 단순히 건물의 이름을 넘어, 의미 자체라 할 수 있다. 조선의 개국공신인 정도전은 "조선 왕조의 큰 복을 기원한다"라는 의미를 담아 경복궁(景福宮)이란 이름을 지었고, 실학자 정약용은 "겨울 냇물을 건너 듯하고, 사방을 두려워하는 듯하다"라는 의미를 담아 '여유당(與猶堂)'이라 쓴 편액을 사랑채에 걸었다.

편액에는 쓴 사람의 가치관이 담긴다. 그런데 사람(亻)의 얕은 식견과 경험에만 의존해 쓰인 편액(扁)은 '偏'이 된다. 자신의 유한한 경험과 지식을 절대적인 것으로 여기면, 한쪽으로 치우치고 편협해질 수밖에 없다. 나이를 먹을수록 세상 이치를 다 아는 것처럼 착각에 빠지는 것을 경계해야 한다. 경험이 많고 똑똑한 사람들이 오히려 강한 확증편향에 쉽게 빠지는 모습을 볼 수 있다.

偏에서 벗어나려면 편액(扁)을 어떻게 다루어야 할까.

첫째, '篇'이다. '竹'(대나무 죽)에 편액(扁)처럼 두루 쓴 篇, 즉 책을 많이 읽어야 한다. 직접할 수 있는 경험은 유한하지만, 유사 이래 인간이 기록해온 책에는 무궁무진한 지식과 경험이 녹아 있다. 우물 안 개구리라 해도 다양한 책을 읽으면 우물 밖 세상이 어떤지 알게 된다.

둘째, '編'이다. 조각조각 모은 수많은 편액(扁)들을 실(糸)로 엮듯 잘 연결해야 한다. 바로 사유의 힘이다. 내가 아는 것이 맞는지, 내 경험이 절대적인지 아닌지 끊임없이 사유하고 사색해야 한다.

셋째, '遍'이다. 편액(扁)을 통해 알게 된 것을 쉬엄쉬엄(辶)하며 두루 다니는 것, 다양한 경험과 실천이다. 책을 읽고 사유해서 지경을 넓혔다면 그것을 제대로 실천해야 한다. 실천 과정에서 한쪽으로 치우친 부분이 발견된다면 성찰하고 교정할 수 있는 기회를 얻는다.

"나는 편파적이다. 다만 편파에 이르는 과정은 공정하다."

누군가 했다는 이 말이 마음에 든다. 편파적이지 않은 사람이 세상에 과연 존재할까? 정도의 차이만 있을 뿐이다. 다만 편파에 이르는 과정은 공정하도록 노력하자. 내가 편파적인 사람이 되어 세상이 더 공정해질 수 있다면 기꺼이 그 길을 선택하겠다. 다만 더 많이 읽고, 더 많이 사유하고, 더 많이 실천하면서.

치우칠 편

부수	亻 [人] (사람인변, 2획)
모양자	亻(사람인변 인)＋扁(납작할 편)
총획수	11획

책 편

부수	⺮ [竹] (대죽2, 6획)
모양자	⺮(대죽 죽)＋扁(납작할 편)
총획수	15획

엮을 편

부수	糸 [糸,纟] (실사변, 6획)
모양자	糸(가는 실 멱)＋扁(납작할 편)
총획수	15획

두루 편

부수	辶 [辵,辶,辶] (책받침2, 4획)
모양자	辶(쉬엄쉬엄 갈 착)＋扁(납작할 편)
장단음	변:
총획수	13획

＋ 따라 쓰며 마음에 새기기 ＋

치우칠 편

책 편

編 編 編 編 ✕ ✕ ✕

엮을 편

遍 遍 遍 遍 ✕ ✕ ✕

두루 편

✦ 떠올리며 기록하기 ✦

* 누군가를 편협하다고 생각한 적이 있는가? 왜 그렇게 생각했는가?

* 누군가의 편견 때문에 힘들었던 경험이 있는?

* 편견에서 벗어나려면 어떤 노력이 가장 중요할까?

어른의 한자력

내가 돈을 쓰나요, 돈이 나를 쓰나요?

負 질 부 ㅣ 貪 탐낼 탐 ㅣ 償 어리석을 탐

벌어도 벌어도 더 벌고 싶은 게 돈의 무서운 속성이 아닐까. (앞으로 50년 정도 더 산다고 치면) 50억 원만 있어도 더 욕심은 안 날 것 같은데, 정말 그럴지는 50억 원이 진짜 생겼을 때 두고 볼 일이다. 수백 억을 벌어도 만족하지 못하고 더 가지고 싶어 눈이 벌건 사람들이 넘치는 걸 보면, 과연 나는 다르다고 자신 있게 말할 수 있을지 모르겠다.

'**負**'는 빚을 진다는 뜻이다. 돈을 의미하는 '貝'(조개 패)와 '巳'(병부 절)의 변형자인 '⺈'(칼도 도)가 합쳐진 글자다. 巳(병부 절)은 사람이 허리를 굽힌 모습이며, 돈 때문에 무거운 짐을 진 것이다. 그런데 과연 빚에 쪼들리고 돈에 허덕이는 사람만 뜻할까? 충분히 먹고살 만해도 끊임없이 돈, 돈 하는 사람들도 돈에 허덕이며 사는 게 아닐까? 이들 역시 돈 때문에 '짐을 지고' 사는 사람들이다.

이미 돈이 넘치게 많으면서도 더 벌려고 끊임없이 아우성인 심리는 대체 어디서 올까? 그런 부자가 되어본 적이 없어서 잘은 모르지만, 얼마 전 별세하신 '시대의 어른' 효암학원 채현국 이사장의 생전 인터뷰를 떠올리며 짐작해 볼 수 있을 것이다.

"사업을 해보니까... 돈 버는 게 정말 위험한 일이더라. 사람들이 잘 모르는데, '돈 쓰는 재미'보다 몇천 배 강한 게 '돈 버는 재미'다. 돈 버는 일을 하다 보면 어떻게 해야 돈이 더 벌릴지 자꾸 보인다. 그 매력이 어찌나 강한지, 아무도 거기서 빠져나올 수 없다. 어떤 이유로든 사업을 하게 되면 자꾸 끌려드는 거지. 정의고 나발이고, 삶의 목적도 다 부수적이 된다."

기초적인 생활을 위해 돈은 꼭 필요하다. 하고 싶은 일을 하기 위해, 좀 더 편하게 살기 위해, 노후를 위해서도 필요하다. 그 정도 돈은 충분히 벌고 있는데도 여전히 돈에 갈급하다면? 이때부터는 버는 재미에 푹 빠진 단계다. 돈이 필요해서가 아니라 돈 버는 일 자체가 쾌락이 되어 버린 것이다. '貪'이다. 이 한자는 '今'(이제 금)과 貝(조개 패)로 이루어졌는데, 今은 지금 입에 뭔가를 삼키는 순간을 포착한 한자다. 지금 이 순간에도 돈 버는 쾌락에 빠져 끊임없이 돈을 집어삼키려는 집착이 바로 貪이다.

알콜 중독도 니코틴 중독도 조심해야겠지만, 돈 중독도 조심해야 한다. 채현국 선생의 말씀처럼 돈 중독에 빠지면 '정의고 나발이고, 삶의 목적도 다 부수적으로' 되어 버린다. 돈은 살아갈 만큼 있으면 된다. 돈이 나를 쓰는 게 아니라, 내가 돈을 쓸 만큼만 있으면 된다. 탐욕(貪)으로 가득한 사람(亻)을 뜻하는 한자는 어리석다는 뜻을 가진 '僋'이다.

✦ 정확하게 쓰기 ✦

질 부

부수	貝 [贝] (조개패, 7획)
모양자	𠂊(칼도 도)＋貝(조개 패)
장단음	부:
총획수	9획

탐낼 탐

부수	貝 [贝] (조개패, 7획)
모양자	貝(조개 패)＋今(이제 금)
총획수	11획

어리석을 탐

부수	亻 [人] (사람인변, 2획)
모양자	亻(사람인변 인)＋貧(가난할 빈)
총획수	13획

✦ 따라 쓰며 마음에 새기기 ✦

질 부

탐낼 탐

어리석을 탐

✦ 떠올리며 기록하기 ✦

✳ 지금 나에게 돈과 시간 중에 더 중요한 것은 무엇인가?

✳ 나는 돈이 얼마 있으면 만족할 수 있을까?

어른의 한자력

오늘도 걷는다

步 걸음 보 ㅣ 走 달릴 주

걷는다는 뜻의 '步'는 발을 뜻하는 '止'(그칠 지)가 아래 위로 두 개 그려진 모습이다. 하지만 달린다는 의미인 '走'는 아래쪽에만 止가 그려지고 위에는 힘차게 두 팔을 뻗어 달리는 모습을 닮은 '土'(흙 토)가 있다.

走에 止가 하나만 있는 것은, 한쪽 발을 디딤과 동시에 재빨리 다른 한쪽 발을 뻗어야 달릴 수 있기 때문이다. 두 발이 땅에 동시에 닿으면 뛰는 게 아니라 걷는 것이다. 걸을 때는 두 발을 동시에 땅에 디디면서도 계속 뻗어야 앞으로 나아간다. 그래서 步에는 止가 두 개 그려져 있다.

발 모양에서 유래된 한자 止에 '멈추다'라는 뜻이 있음을 감안해 보면, 步와 走의 차이가 더 극명히 드러난다. 走는 두 팔 벌려 뛰는 모습의 土와 멈추는 모습의 止가 함께 있듯이, 달리기를 할 때는 뛰거나 혹은 멈춰야 한다. 집중적으로 많은 체력을 요하기에 빠르게 달리다가도 잠시 페이스를 조절하는 시간이 필요하다. 하지만 步는 다르다. 멈출 듯(止) 멈출 듯(止) 하면서도 계속 걸어간다. 느리게 갈지언정, 금방이라도 멈출 것처럼 보일지언정 멈추지 않고 계속 걸어간다.

나는 빠른 사람이 아니다. 경쟁에 최적화된 사람도 아니어서 남들보다 빨리 달리지 못한다. 그래서 묵묵히 걷기로 했다. 천천히 가더라도 꾸준히 가자고 다짐했다. 빨리 달릴 수는 없어도 계속 걸어가는 것은 잘해보자고, 그렇게 살자고 다짐했다.

회사에서 집까지 도보로 2시간 정도 거리를 매일 걷거나 자전거 타고 퇴근하기를 실천 중이다. 그리고 매일 아침 일찍 일어나 한 편씩 짧은 글을 쓰거나 책을 읽는다. 대단한 일이라 하기에는 쑥스럽지만 그래도 멈출 듯 멈출 듯하면서도 꼬박꼬박 계속하는 내가 대견하다. 빠르지는 않지만 계속 걸어가는 내가 참 기특하고 사랑스럽다.

걸음 보

부수	止 (그칠지, 4획)
모양자	止(그칠 지)＋少(밟을 달)
장단음	보(:)
총획수	7획

달릴 주

부수	走 (달릴주, 7획)
모양자	土(흙 토)＋止(一)
총획수	7획

✦ 따라 쓰며 마음에 새기기 ✦

걸음 보

달릴 주

✦ 떠올리며 기록하기 ✦

✽ 걷는 것이 좋은가, 뛰는 것이 좋은가?

✽ '토끼와 거북이' 우화에 나오는 토끼와 거북이 중 나는 무엇에 더 가까운 사람인가?

✽ 아침 독서나 운동처럼 오랫동안 꾸준히 유지할 수 있는 루틴을 세워 보자.

피곤함, 아니 외로움이 밀려올 때

困 곤할 곤 | 孤 외로울 고 | 悃 정성 곤

현대인은 늘 피곤하다. 학생들은 공부하느라 피곤하고, 직장인들은 일하느라 피곤하고, 사장님들은 직원들 월급 걱정에 피곤하다.

피곤하다는 뜻의 한자 '困'을 보고 있노라면, 왠지 모를 쓸쓸함마저 느껴진다. 둘러싸인 담장(口) 안에 덩그러니 홀로 있는 나무(木) 한 그루. 다른 나무들은 다 어디 가고, 옆에 강아지 한 마리, 새 한 마리 없이 나무 한 그루만 담장 안에 심겨 있는 걸까. 이 한자가 곤하다, 지쳤다는 뜻을 갖게 된 것은 어쩌면 너무 외로워서 아닐까. 공부하느라 피곤한 학생들, 일하느라 피곤한 직장인들, 직원들 월급 걱정에 피곤한 사장님들. 사실은 모두 가끔 밀려드는 외로움에 피곤한 것은 아닐까.

외롭다는 뜻을 가진 한자 '孤'는 子(아들 자)와 瓜(오이 과)가 합해진 모습이다. 홀로 남겨진 아이(子)처럼, 덩굴줄기에 혼자 덩그러니 매달려 있는 오이(瓜) 하나. 이 모습을 상상하면 지독한 외로움이 느껴진다. 하지만 조금만 시야를 넓혀 보면 사실 오이는 혼자가 아니다. 오이를 힘껏 붙들고 있는 덩굴줄기에서 아래로 이어진 뿌리가 땅에 깊이 내려 영양분을 힘차게 빨아올리고 있다. 뒤에서 지탱해 주는 덩굴줄기, 눈에 보이지 않는 곳에 뿌리가 있기에 매달릴 힘을 얻는다.

외롭다고 느껴질 때 눈을 크게 뜨고 다시 주위를 둘러 보자. 정말 혼자인가? 그렇지 않다. 나를 응원해 주고 힘을 실어 주는, 내 편을 들어주는 사람이 단 한 명이라도 분명히 있다. 덩굴줄기처럼 단단히 붙잡아 주고 뿌리처럼 잘 보이지 않지만 힘이 되는 사람이 분명히 있다. 그러니 그 사람을 생각하며 힘을 내보자. 그런 사람이 정말 한 명도 없다고 느낀다면? 그래도 괜찮다. 내가 나를 더 사랑해 주면 되니까.

쓸쓸함이 느껴지는 한자 困도 나의 마음(忄)을 나누면 새로운 한자가 된다. "悃"이라는 한자로.

✦ 정확하게 쓰기 ✦

곤할 곤

부수	囗 (큰입구몸, 3획)
모양자	囗(나라 국)＋木(나무 목)
장단음	곤:
총획수	7획

외로울 고

부수	子 (아들자, 3획)
모양자	子(아들 자)＋瓜(오이 과)
총획수	8획

정성 곤

부수	忄 [心,忄] (심방변, 3획)
모양자	忄(심방변 심)＋困(곤할 곤)
장단음	곤:
총획수	10획

✦ 따라 쓰며 마음에 새기기 ✦

곤할 곤

외로울 고

성성 곤

✦ 떠올리며 기록하기 ✦

✳ 나는 언제 가장 피곤함을 느끼는가?

✳ 나는 언제 가장 외로움을 느끼는가?

어른의 한자력

글을 쓴다는 것은

文 글월 문 | 章 글 장 | 冊 책 책

'文'. 글이나 문장을 뜻하기에 무척 학식 있고 고상해 보이는 한자다. 그런데 이 한자의 기원인 갑골문을 보면 다소 뜻밖의 해석이 보인다. 사람의 가슴에 무언가를 새긴 모양이기 때문이다. 文은 원래 '몸에 새기다'라는 뜻이었다고 한다. '문신(文身)'이란 단어에도 文이 쓰인다.

문장을 뜻하는 또 다른 한자인 '章'은 '立'(설 립)과 '早'(아침 조)가 결합되어, 아침마다 일어나 글을 쓴다는 뜻처럼 보인다. 하지만 실제로는 '辛'(매울 신) 아래에 동그란 표식을 그려 놓은 모습에서 유래한 한자다. 辛은 노예의 몸에 문신을 새기는 도구였다고 하니, 章도 文과 비슷하게 몸에 표식을 새기는 모습에서 유래한 셈이다. 文과 章. 이 한자들의 유래를 알고 보니, 모골이 송연함을 느낀다. 글을 쓴다는 것은 몸에 문신을 새기는 것과 같다는 깨달음 때문이다. 글을 쓰는 것과 몸에 문신을 새기는 일은 여러모로 닮았다. 과정도 고통스럽지만 이렇게 완성된 글도, 문신도 좀처럼 지워지지 않는다.

입에서 뱉으면 허공으로 사라지는 말도, 그 말을 들은 사람의 기억 속에 반드시 남기에 늘 조심히 가려서 해야 한다. 하물며 온전한 기록으로 남아 심지어 내가 죽은 뒤에 누군가 볼 수도 있을 글을 쓰는 것은 더 조심스러워야 한다. 쓰는 사람은 자신이 쓴 글에 대해 책임을 진다. 책임을 진다는 것은 자신이 쓴 대로 실천하며 살아야 함을 의미한다. 자기 삶 속에 아로새겨지지 않고 겉보기에만 좋은 문장은 독자에게 신뢰를 주지 못할뿐더러 생명력도 약하다.

'冊'은 고대에 글을 쓰던 죽간(竹簡)을 말아 놓은 모습을 표현한다. 즉 어러 글이 모이면 책이 된다. 많은 책을 썼다는 것은 곧 내 몸에 새긴 문신도 많다는 것을 의미한다. 놀라운 성취일 수도 있지만, 동시에 쓴 대로 살아야 하는 제약이 생겼음을 의미한다. 평생 글과 책을 쓰는 사람으로 살고 싶은 나 자신에게 묻는다.

"글을 쓴다는 것은 내 몸에 문신을 새기는 것과 다를 바 없다. 나는 그것을 감당하며 살아갈 준비가 되어 있는가? 나는 그것을 두려워하는 마음으로 글을 쓰는가?"

✦ 정확하게 쓰기 ✦

글월 문

부수	文 (글월문, 4획)
모양자	ㅗ(돼지해머리 두) + 乂(벨 예)
총획수	4획

글 장

부수	立 (설립, 5획)
모양자	立(설 립(입)) + 早(이를 조)
총획수	11획

책 책

부수	冂 [冂] (멀경몸, 2획)
모양자	冂(멀 경) + 卄(스물 입)
총획수	5획

✦ 따라 쓰며 마음에 새기기 ✦

글월 문

글 장

책 책

✦ 떠올리며 기록하기 ✦

✳ 최근 1년 동안 있었던 일 중에 가장 기록으로 남기고 싶은 경험은 무엇인가?

✳ 내가 작가라면, 무슨 책을 쓰고 싶은가?

✳ 내가 가장 좋아하는 작가는 누구이고, 왜 그를 좋아하는가?

어른의 한자력

다 잘 될 거야

未 아닐 미 | 來 올 래

　지금껏 열심히 살아 왔고, 지금도 최선을 다해 살고 있지만, 가끔 미래에 대한 걱정이 엄습한다. '미래(未來), 아직 오지 않은 때'. 우리가 미래를 불안해하는 이유는 아직 오지 않았기 때문이다.

　'未'는 木(나무 목) 위에 'ㅡ'(한 일)이 그어진 모습이다. 나무에 나뭇잎이 무성한 모습을 표현했다는데, 어쩌다 이 한자가 '아직 아니다'라는 뜻을 가지게 되었을까. 잎만 무성할 뿐 정작 열매는 아직 맺지 못해서 이런 뜻을 가지게 된 것은 아닐까 싶다. '來'는 원래 '보리'를 뜻하는 한자였다고 한다. 그러고 보니 '麥'(보리 맥)이란 한자와도 비슷하게 닮았다. '보리 익는 때가 올 것'이라는 믿음에서 來에는 온다는 뜻이 생겼다. '미래'를 한 자씩 뜯어보니 아래처럼 해석할 수 있다.

　'보리가 무성하지만, 아직 알곡은 맺지 못한 때.'

　지난 인생을 돌아보면 부단히 보리 씨앗을 뿌리고, 물을 주고, 가꾸어 왔다. 보리가 점점 자라 조금씩 무성해지기 시작했다. 하지만 아직 알곡은 무르익지 않았다. 未처럼 잎만 무성할 뿐, 아직 제대로 열매를 맺은 건 없다. 아마도 미래에 대한 알 수 없는 불안감은 여기에서 오는 게 아닐까.

　'지금 제대로 가고 있나? 이 길을 계속 가다 보면 원하는 길이 정말 나올까?'

　아직 보리가 여물지 않은 기간을 거치고 있기에 인생의 보릿고개를 지나는 중이다. 그러나 보릿고개는 현재의 고난을 의미하는 말이지만, 역시 미래에 대한 희망을 의미하는 말이기도 하다. 굶주림으로 힘든 시간을 견디는 힘은 곧 보리를 추수할 때가 온다는 희망에서 나오기 때문이다.

미래에 대한 불안감이 느껴진다면 이렇게 생각해 보자. 씨앗을 심는 것은 자신의 노력이지만, 마침내 보리가 여물게 되는 것은 햇볕과 비를 허락하고 자라게 하는 하늘의 선물이다. 때가 되면 보리는 반드시 익는다. 그러니 스스로에게 니무 긱정하지 말자고, 다독이며 말해 주자.

'다 잘 될 거야.'

✦ 정확하게 쓰기 ✦

아닐 미

부수	木 (나무목, 4획)
모양자	木(나무 목) + 一(한 일)
장단음	미(:)
총획수	5획

올 래

부수	人 [亻] (사람인, 2획)
모양자	从(좇을 종) + 木(나무 목)
장단음	래(:),내(:)
총획수	8획

✦ 따라 쓰며 마음에 새기기 ✦

아닐 미

올 래

✦ 떠올리며 기록하기 ✦

✳ 내 인생은 어느 방향으로 나아가고 있는가?

✳ 내 선택에 대한 확신이 있는 편인가?

✳ 불안한 마음이 들 때 어떤 행동을 하는가?

한자로 보는 MBTI

我나아 | 吾나오 | 予나여 | 余나여

MBTI를 한자로 해석해보면 어떨까? MBTI 전문가는 아니지만 재미 삼아서 한번 해보자.

'我'는 손(手)에 창(戈)을 들고 있는 모습이다. 창을 들고 뭔가를 지키고 있는 모습이라... 어쩐지 자기 보호적인 모습이 강하게 느껴진다. 남들에게 없는 창도 가지고 있으니 문제 해결 능력도 뛰어날 것 같고. 그래서 我 유형 MBTI는 바로 INTP! 이들은 다른 사람들과의 관계 속에서 나를 찾기보다 혼자 돌아다니는 것을 좋아하고 독립심이 강하다고 하니, 딱 我랑 어울리는 듯싶다.

'吾'는 입(口)이 다섯(五) 개나 있네? 한자만 봐도 수다쟁이 같다. 그런데 吾에는 '나'라는 뜻뿐만 아니라, '너', '우리'라는 뜻도 다 있단다. 관계를 중요시하고 커뮤니케이션을 즐기는 스타일처럼 보인다. 이 한자랑 어울리는 유형은 ENFP인 것 같다. 사람들에게 칭찬받고 인정받는 걸 좋아하는 유형이다.

'予'는 원래 천을 짜는 직기의 일부를 표현한 한자란다. 어쩌다 '나'라는 뜻까지 가지게 된 건지는 잘 모르겠지만, '주다'라는 다른 뜻도 있다고. 베푸는 걸 무척 좋아하는 유형일 것 같다. 거기에다 직기에서 유래한 한자라니 생산적인 일도 잘할 것 같다. 이 유형은 바로 ESFJ! 사회성이 뛰어난 만큼 적응력도 훌륭해서 사업도 잘할 스타일이다. 거기에다 타인에게 도움을 주고 싶어하며 사교적인 당신은 인기쟁이!

'余'는 나무 위에 오두막을 표현한 한자였다. 이걸 보면 내 마음속에 오두

막을, 자신만의 내면 세계를 가지고 사는 사람을 표현한 것은 아닐까 싶다. MBTI에서 이런 유형은 ISFP인 것 같다. 자신의 공간과 시간에서 일하는 것을 좋아하는 사람들, 자신의 가치를 매우 중요시 여기는 사람들이 이 유형에 속한다. 때로 재충전을 위해 혼자만의 시간이 필요한 당신, '오두막 (余)' 안에서 편안한 휴식을!

내 마음대로 한자로 본 MBTI, 여기서 당신을 표현하는 한자는 무엇인가? 我든, 품든, 子든, 余든, 모두가 다른 누구도 아닌 바로 자기 자신임을 잊지 말기를. 세상에 완벽한 사람은 있을 수 없으니까, 있는 그대로의 '나'를 사랑하자!

나 아

부수	戈 (창과, 4획)
모양자	戈(창 과) + 扌(재방변 수)
장단음	아:
총획수	7획

나 오

부수	口 (입구, 3획)
모양자	口(입 구) + 五(다섯 오)
총획수	7획

나 여

부수	亅 (갈고리궐, 1획)
모양자	丁(고무래 정) + 乛(一)
총획수	4획

나 여

부수	人 [亻] (사람인, 2획)
모양자	人(사람 인) + 亍(어조사 우) + 八(여덟 팔)
총획수	7획

✦ 따라 쓰며 마음에 새기기 ✦

나 아

나 오

予 予 予 予 ☒ ☒ ☒ ☒

나 여

余 余 余 余 ☒ ☒ ☒ ☒

나 여

✦ 떠올리며 기록하기 ✦

✳ 나는 어떤 유형의 사람을 만날 때 가장 활기가 넘치는가?

✳ 나는 어떤 유형의 사람을 만날 때 가장 피곤한가?

열정과 냉정 사이

熱 더울 열 | 冷 찰 냉

처음 책을 쓸 때를 떠올려 보면 어떤 챕터는 글이 술술 써지기도 했지만, 어떤 챕터는 도무지 진도가 나가지 않아 머리털을 쥐어뜯으며 괴로워했다. 그런데 이때 느낀 감정이 오묘하고 신기했다. 괴로운데 한편으로는 무척 즐거운 이 마음을 어떻게 표현할 수 있을까? 얼마 후 프리미어리그 토트넘 감독이었던 포체티노의 인터뷰를 보고 이 감정의 정체가 '열정(熱情)'이었음을 깨달았다.

"When you work, if you feel the love, it's not a stress it's a passion."
(일할 때 사랑의 감정을 느낀다면, 그것은 스트레스가 아니라 열정이다.)

어떤 일을 하면서 괴롭고 즐겁지 않다면, 그것은 스트레스다. 하지만 어떤 일을 하면서 괴롭지만 즐겁다면, 그것은 바로 열정이다. 스트레스는 몸에서 보내는 이상 신호지만, 열정은 괴로운 일을 끝까지 할 수 있게 만드는 놀라운 원동력이 된다. 열정에는 불가능을 가능으로 만드는 힘이 있다.

뜨거운 마음, 열정. '熱'이란 한자가 만들어진 과정이 흥미롭다. 나무를 심어 놓은 모양인 '埶'(심을 예) 밑에 '灬'(연화발 화), 즉 불(火)을 지르는 모습이다. 나무를 에너지, 시간, 노력, 재능 등으로 해석한다면, 모든 것을 불태우며 나아가려는 마음가짐이다. 이런 마음이라면 못해낼 일이 무엇이랴. 인생에서 열정이 중요한 이유다. 다만 이 열정을 언제까지나 계속 유지하기는 무척 어렵다. 모든 것을 계속 불태워야 얻을 수 있기 때문이다.

熱과 반대의 뜻을 가진 한자는 '冷'이다. 직역하면 'ㄱ'(얼음 빙)같은 '令'(하여금 령), 즉 '얼음처럼 차가운 명령'이다. 이 한자를 보면 제갈량이 눈물을 흘리며 부하 장수 마속을 참형에 처했다는 데서 유래한 고사성어, '泣斬馬謖(읍참마속)'이 떠오른다. 제갈량은 평생의 꿈이었던 북벌을 준비하고 실행하는 과정에서 엄청난 열정을 쏟아부었을 것이다. 그것이 마속의 오만한 판단으로 완전히 어그러지고 말았을 때, 잠시 열정을 멈추고 매우 냉정한 모습을 보인다. 냉정하고 싶어서가 아니라, 북벌을 위한 열정을 계속 이어가기 위해서였다.

  냉정과 열정 사이, 어느 적당한 지점에서 적당히 잘 사는 것도 인생을 사는 한 방법이지만 더 멋진 인생을 살고 싶다면 최대한 열정을 품고 살아야 한다. 다만 열정이 내 모든 것을 불사르는 대가인 것도 기억해야 한다. 자칫 절대 타 버려서는 안 될 소중한 것까지 불살라 버리고 있지는 않은지 계속 돌아봐야 한다. 그렇기에 때때로 냉정해져야 한다. 차갑고 냉소적인 사람이 되라는 말이 아니라, 열정을 이어가기 위해 한 번씩 숨 고르는 시간을 가져야 한다는 의미다.

  열정적이어야 할 때 열정적이고 냉정해야 할 때 냉정해질 것, 그것이 우리 인생을 좀 더 근사하고 멋지게 만들어 준다.

✦ 정확하게 쓰기 ✦

더울 열

부수	`灬` [火] (연화발, 4획)
모양자	`灬`(연화발 화)＋執(재주 예)
장단음	열(:)
총획수	15획

찰 냉

부수	`冫` (이수변, 2획)
모양자	`冫`(얼음 빙)＋令(하여금 령(영))
총획수	7획

✦ 따라 쓰며 마음에 새기기 ✦

더울 열

찰 냉

✦ 떠올리며 기록하기 ✦

✳ 나는 이성적인 사람인가, 감성적인 사람인가?

✳ 냉정하게 판단하지 못해서 후회했던 일이 있는가?

✳ 내 인생에서 가장 열정적인 순간은 언제였는가?

먹는 게 남는 것이다

飮마실 음 | 食밥 식

'먹는 게 남는 것이다'라는 말은 옳다. 좋은 옷이나 집은 나를 더 편하게 만들어 주기는 해도 몸에 남길 수는 없다. 살로 가든 피로 가든 뼈로 가든, 몸에 남는 것은 오로지 먹는 것이다. 대부분 살로 간다는 사실에 때로 현타가 오기는 하지만.

'아끼면 똥 된다'는 말도 옳다. 이 문장 속에 숨어 있는 단어를 살짝 끄집어 내서 문장을 재구성해 보자. '(내 몸을) 아끼면 (맛있는 걸 먹어라! 그 음식이 소화되면) 똥 된다.'

'금강산도 식후경'이란 속담도 옳다. 피렌체 두오모 성당이 제아무리 아름답다 해도 티본 스테이크를 먹어 보지 못하고 돌아왔다면 이탈리아까지 대체 뭐하러 갔단 말인가. 인도가 아무리 신비로운 나라라도 버터 난, 치킨 마크니, 탄두리 치킨 맛집도 가보지 않고 왔다면 그 먼 곳까지 뭐하러 갔느냐는 말이다.

인생의 진정한 즐거움은 먹고 마시는 데서 온다. 비오는 날이면 파블로프의 개처럼 자연스레 생각나는 동동주와 파전, 추운 날 호호 불며 먹는 단팥 가득 붕어빵, 어릴 적 아빠가 한 번씩 퇴근길에 사다 주시던 후라이드 치킨, 그리고 이제는 내가 아들과 밤 10시에 시켜 먹는 양념 치킨, 입에 넣으면 바로 사르르 녹는 탓에 애초에 고체였는지 액체였는지 분간이 안 되는 한우... 먹는 것은 좋은 것이다.

'먹는다'는 뜻의 한자 '食'을 자세히 보면 '人'(사람 인) 아래에 좋다는 뜻의 '良'(어질 량)이 쓰여 있다. 한자가 만들어지던 시대의 옛날 사람들도 '사람에게 좋은 것'이란 먹는 것이었다. 일단 살려면 먹어야 하고, 또 맛있는 건 행복을 주니까.

'마신다'는 뜻의 한자 '飮'은 '食'을 앞에 두고 하품(欠)하듯 입을 벌리고 있는 모양이다. 입을 벌리고 상추로 싼 맛있는 삼겹살을 한 입 가득 넣고, 소주 한 잔 쭉 들이키는 모습이 떠오른다. 그래서인지 飮에는 '술자리'라는 뜻도 함께 가지고 있다. 사랑하는 사람과 시원한 맥주 한 잔에 치킨 한 마리가 생각나는 저녁이다. 살이 찌는 건 싫지만 지금 당장 찌는 건 아니니까. 지금은 지금의 행복을 누리고, 내일 걱정은 내일의 나에게 맡기지 뭐.

✦ 정확하게 쓰기 ✦

마실 음

부수	食 [食,食,𠂊] (밥식4, 9획)
모양자	食 (밥식 식) + 欠(하품 흠)
장단음	음:
총획수	13획

밥 식

부수	食 [食,𠂊] (밥식, 9획)
모양자	人(사람 인) + 良(어질 량(양))
총획수	9획

✦ 따라 쓰며 마음에 새기기 ✦

마실 음

밥 식

✦ 떠올리며 기록하기 ✦

✳ 음식에 대한 철학이 있다면?

✳ 한국 음식을 전혀 구할 수 없는 나라로 출국하기 전날, 무슨 음식을 먹고 싶은가?

행복한 삶을 꿈꾸시나요?

辛 매울 신 | 幸 다행 행 | 倖 요행 행 | 悻 성낼 행

지인들과 술을 마시다 인생 목표가 무엇인지 이야기를 나눈 적이 있다. 누구는 내 집 마련, 누구는 조기 은퇴와 편안한 노후라고 했다. '그저 행복하게 사는 것'이 목표라는 사람도 있었다. 내 집 마련, 편안한 노후, 행복한 삶. 표현은 제각각이었지만 사실 그 모든 단어가 '행복'이라는 동일한 이정표를 향했다. 모두 행복한 삶을 꿈꾼다. 당장 절실해 보이는 행복의 구체적 표현 방법이 조금씩 다를 뿐이다.

누군가는 맛있는 것을 먹는 게 행복이라 한다. 맛있는 음식을 먹는 순간은 틀림없이 행복할 것이다. 하지만 배가 불러 더는 먹지 못하는 상태가 된다면? 심지어 과식으로 속이 더부룩하다면? 여전히 행복하다고 말하기는 어려울 테다. 누군가는 좋은 집을 사는 게 행복이라고 한다. 오랜 청약 저축 끝에 마침내 주택 청약에 당첨된다면, 그 순간은 분명 행복할 것이다. 하지만 막상 집을 사고 나도 행복이 영원히 이어질까? 혹여 주택 담보 대출 상환 계획이 어그러지거나 집값이 떨어지면 그 순간부터 새로운 고민이 시작될 게 분명하다.

오랜 유학 생활 끝에 마침내 교수의 꿈을 이룬 지인의 소회는 이것이었다. '딱 3개월 행복하더라.'

누구나 행복한 미래를 꿈꾸지만 잠시 행복했던 오늘이 지나면 내일의 고민이 또 생긴다. 힘든 시간을 거쳐 잠시 행복했다가, 다시 힘든 시간이 반복되는 것이 인생의 본질 아닐까. 오늘 찾아온 행복은 오는 잠시 처락된 뿐이다.

'다행'이나 '행복'의 뜻을 가진 '幸'이란 한자 유래에 대한 해석은 여러 가지지만, 내 눈에는 '辛' 위에 '十'(열 십)이 쓰인 것처럼 보인다. 노예 표식을 새기는 도구 모양에서 유래했기에 辛에는 '괴롭다', '고통스럽다'는 뜻이 있는데, 열 번이나 반복되어야 비로소 幸이 되다 이생은 잠깐의 행복을 위해 그보다 훨씬 지난한 고난의 시간을 견뎌야 한다.

"행복은 단지 방향을 결정하는 것이지 영혼의 상태는 아니다."

이 문장이 깊은 공감을 준다. 행복은 인생의 방향을 결정할 뿐, 영혼의 상태가 될 수 없을뿐더러 마음대로 통제할 수 있는 것도 아니다. 사람(亻)이 살다 보면 뜻하지 않게 행복(幸)을 얻는 요행(倖)이 올 때도 있지만, 요행을 바라기보다 지금 자리에서 최선을 다하며 사는 게 옳다. 마음(忄) 속에 늘 행복(幸)할 궁리만 한다면, '悻'(성낼 행)이란 한자가 된다. 행복을 늘 마음에 두는데 되려 성내고 화나는 상태라니 아이러니하다. 행복을 목적으로 한다고 해서 행복이 바로 오지는 않는다. 힘든 시간을 잘 견뎌야 행복은 저 멀리서 수줍은 듯이 살짝 고개를 내민다.

어른의 한자력

✦ 정확하게 쓰기 ✦

매울 신

부수	辛 (매울신, 7획)
모양자	立(설 립(입))＋十(열 십)
총획수	7획

다행 행

부수	干 (방패간, 3획)
모양자	土(흙 토)＋ꟊ(찌를 임)
장단음	행:
총획수	8획

요행 행

부수	亻[人] (사람인변, 2획)
모양자	亻(사람인변 인)＋幸(다행 행)
장단음	행:
총획수	10획

성낼 행

부수	忄[心,㣺] (심방변, 3획)
모양자	忄(심방변 심)＋幸(다행 행)
장단음	행:
총획수	11획

✦ 따라 쓰며 마음에 새기기 ✦

매울 신

다행 행

倖 倖 倖 倖 ✕ ✕ ✕ ✕

요행 행

悻 悻 悻 悻 ✕ ✕ ✕ ✕

성낼 행

✦ 떠올리며 기록하기 ✦

✳ 나는 언제 가장 행복하다고 느끼는가?

✳ 행복한 삶을 위해 꼭 있어야 하는 것은 무엇인가?

✳ 행복 자체가 인생의 목표라고 말할 수 있을까?

어른의 한자력

욕심, 그 앞에서 머무르는 사람

有 있을 유 | 流 흐를 유 | 遺 남길 유 | 留 머무를 유

　어떤 이는 **있으려(有)** 한다. 더 많은 고기(肉)를 오른손(又)에 움켜쥐려는 사람이다. 하지만 다 먹지도 못할 고기를 손에만 쥐고 있으려는, 욕심에 찌든 사람은 되지 않기를.

　어떤 이는 **흐르려(流)** 한다. 세차게 흘러가는 물(水)에 남은 깃발(㐬) 한 조각마저 떠나보내는 사람. 하지만 열심히 살아온 인생이라 자부하기에 이름 석 자 정도는 남기고 싶다. 흔적 하나 남기지 않고 다 흘려 보내버리는 사람은 되지 않기를.

　어떤 이는 **남기려(遺)** 한다. 천천히 걸어가다(辶) 잃어버린 어느 귀중품(貴)에 미련을 남긴 사람. 한때 모든 것을 쏟아부으며 미친 듯이 사랑했더라도 이미 지나간 것에 후회를 남긴 채 사는 사람은 되지 않기를.

　어떤 이는 **머무르려(留)** 한다. 밭(田)의 당근 하나를 배고픈 토끼(卯)가 맛있게 먹고 욕심 없이 떠나듯이. 밭이 원래 토끼의 것이 아니듯, 잠시 머무는 세상의 어느 것도 원래 자기 것이 아님을 알아야 한다. 그저 이곳에서 밥 한 그릇 맛있게 먹을 수 있었다는 사실에 감사하며 살다가 더는 미련 없이 떠나는 사람이 되기를.

　까치밥을 아는가? 나무에 달린 과일을 모조리 따지 않고, 까치가 먹을 과일 몇 개를 남겨 놓는 것이다. 留는 그런 의미다. 필요한 정도 이상의 욕심을 내지 않고 알맞은 자리에 머무는 것. 세상에 원래 내 것은 아무것도 없음을 알기에 욕심없이 살 수 있기를.

留(머무를 유)의 뜻을 잘 알았던 사람, 추사 김정희의 시를 가만히 읊어 본다.

留齋(유재)

留不盡之巧 以還造化　　(유부진지교 이환조화)
留不盡之祿 以還朝廷　　(유부진지록 이환조정)
留不盡之財 以還百姓　　(유부진지재 이환백성)
留不盡之福 以還子孫　　(유부진지복 이환자손)

기교를 다하지 않고 남기어 자연으로 돌아가게 하고
녹봉을 다하지 않고 남기어 조정으로 돌아가게 하고
재물을 다하지 않고 남기어 백성에게 돌아가게 하고
복을 다하지 않고 남기어 자손에게 돌아가게 하네.

✦ 정확하게 쓰기 ✦

있을 유

부수	月 [月] (달월2, 4획)
모양자	ナ(왼 좌) + 月(달 월)
장단음	유:
총획수	6획

흐를 유

부수	氵[水, 氺] (삼수변, 3획)
모양자	氵(삼수변 수) + 㐬(깃발 류(유))
총획수	10획

남길 유

부수	辶 [辵, 辶, 辶] (책받침2, 4획)
모양자	辶(쉬엄쉬엄 갈 착) + 貴(귀할 귀)
총획수	16획

머무를 유

부수	田 (밭전, 5획)
모양자	乚(乙) + 刀(칼 도) + 田(밭 전)
총획수	10획

✦ 따라 쓰며 마음에 새기기 ✦

有 有 有 有

있을 유

流 流 流 流

흐를 유

遺 遺 遺 遺

남길 유

留 留 留 留

머무를 유

✦ 떠올리며 기록하기 ✦

✳ 최근에 가장 욕심났던 것은 무엇인가?

✳ 내가 세상에 가장 남기고 싶은 흔적은 무엇인가?

내 손에 채찍을 들자

鞭 채찍 편 | 革 가죽 혁 | 便 편할 편

'호랑이를 타고 달리는 기세'라는 뜻인 騎虎之勢(기호지세). '말에 올라타 채찍질하며 달린다'는 뜻인 走馬加鞭(주마가편). 언뜻 보면 둘 다 비슷한 뜻을 가진 고사성어로 보이지만 '鞭', 이 한자 하나로 뜻이 하늘과 땅 차이만큼 달라진다.

내 손에 채찍을 쥐고 있다면 말이 나를 의존하고 내 손에 채찍이 없다면 내가 호랑이에 의존할 수밖에 없다. 많은 돈도, 그렇다고 딱히 든든한 뒷배도 없는 평범한 우리는 늘 이 고민을 안고 살아갈 숙명이다. 내 손에 채찍이 들려 있는가. 이 말은 곧 '내가 내 삶의 주도권을 쥐고 사는가' 라는 질문과 동일하다.

鞭은 '革'과 '便'이 결합된 한자다. 革은 동물 가죽 모양을 형상화했지만, 단순히 가죽의 뜻을 넘어 가죽을 벗겨 새로운 것을 만드는 과정 자체를 의미한다. '완전히 바꾸어서 새롭게 한다'는 혁신(革新)이란 단어에 이 한자가 포함되는 이유다. 便자는 'ㅓ'(사람 인)과 '更'(고칠 경)이 합쳐져 사람에게 불편한 것을 고쳐 편하게 만든다는 뜻이 된다. 이렇게 보면 革과 便은 모두 현재에 안주하지 않고, 꾸준히 개선하여 성장한다는 의미를 내포한다. 이 두 글자로 만들어진 한자가 바로 鞭이다.

성장을 촉진하는 당근과 채찍은 스스로 다룰 수 있어야 한다. 때로는 자신에게 아낌없는 칭찬과 격려라는 당근도 필요하고, 때로는 성찰과 자기반성이라는 채찍도 필요하다. 이때 채찍은 '역시 난 이것밖에 안돼' 같은 자기비하가 아니라, 革의 뜻처럼 가죽을 벗기듯 힘든 시간을 거쳐서라도 지금보다 나은 자신을 만들겠다는 의지가 수반되어야 한다. 그래야 騎虎之勢(기호지세)가 아닌, 스스로 주도권을 쥐고 살아가는 走馬加鞭(주마가편)의 삶을 누릴 수 있다.

어디서든, 어떤 형태로든 쓸모 있는 사람이 될 수 있도록 나만의 채찍, 나만의 무기 하나 정도는 반드시 가지고 살겠다는 마음. 그 정도 결기쯤은 가져야 이 험한 세상을 잘 헤쳐가며 살 수 있지 않을까.

어른의 한자력

✦ 정확하게 쓰기 ✦

채찍 편
부수	革 (가죽혁, 9획)
모양자	革(가죽 혁)+便(편할 편)
총획수	18획

가죽 혁
부수	革 (가죽혁, 9획)
모양자	廿(스물 입)+巟(一)
총획수	9획

편할 편
부수	亻[人] (사람인변, 2획)
모양자	亻(사람인변 인)+更(고칠 경)
장단음	편(:)
총획수	9획

✦ 따라 쓰며 마음에 새기기 ✦

채찍 편

가죽 혁

편할 편

✦ 떠올리며 기록하기 ✦

✳ 나만의 차별화된 무기는 무엇인가?

✳ 나는 언제 한 단계 더 성장했다고 느끼는가?

해는 다시 뜹니다

陽볕 양 | 昜볕 양 | 易쉬울 이

어느 주말 회사에 볼일이 있어서 나왔다가, 아까 먹었던 점심 때문인지 나른한 기분이 들어 잠깐 휴게실 소파에 누웠다. 창문 사이로 쏟아져 얼굴을 어루만지는 햇볕이 참 따스했다. 스르르 눈이 감겼다.

따스함을 느낀 건 천장으로 막힌 공간의 창문 사이로 적당한 햇볕이 들어왔기 때문이다. 만약 뜨거운 사막에서 이글거리는 태양 아래를 헤매고 있었다면, 똑같이 느끼며 잠들 수 있었을까? 햇볕을 많이 쬔다고 꼭 좋은 것은 아니다. 필요할 때 알맞은 햇볕을 쬘 수 있다는 것은 사실 놀라운 축복이다.

따뜻한 햇볕을 의미하는 한자, 陽은 언덕(阝)에 볕(昜)이 내리쬐고 있는 모습을 표현한 한자다. 수많은 공간 중에 왜 군이 언덕(阝)를 내리쬐는 햇볕, 昜일까. 아마도 굴곡진 언덕 자체가 인생을 상징하기 때문이 아닐까 싶다. 때로 언덕은 오르기에 힘이 부쳐서 나를 지치게 만들지만, 때로는 힘든 몸을 잠시 기댈 수 있는 공간이기도 하다. 언덕을 올라가려 애쓰다가, 언덕에 기대기도 하면서 계속 나아가는 게 인생이다. 인생길 가운데 머리 위로 따뜻하게 내리쬐는 볕 한 줄기로도 살아갈 힘을 얻는다.

昜과 비슷하게 생긴 한자인 '易'를 보면 인생의 의미가 좀 더 깊이 와닿는다. 해라는 뜻의 한자 '日'(날 일)과 '없다'는 뜻의 한자 '勿'(말 물)이 합해진 것을 보면, 해가 비추다가도 쉽게 구름 속으로 모습을 감추며 사라지기도 하기에 '쉽다'는 뜻이 생긴 것처럼 보인다. 하늘 위에 구름이 둥둥 떠다니는 날, 있다가도 곧잘 없어지기도 하는 것이 햇볕이다. 그러니 따뜻하게 감싸던 햇볕이 잠깐 사라졌다 해서 너무 슬퍼하지 말자. 해는 잠깐 보이지 않을

뿐 구름 뒤 그 자리에 여전히 있으니까. 해가 서쪽 하늘로 사라져 깜깜한 밤이 되었더라도, 장엄한 빛을 뿌리며 다시 동쪽으로 떠오를 준비를 하는 중이니까.

✦ 정확하게 쓰기 ✦

볕 양

부수	阝[阜, 自] (좌부변, 3획)
모양자	阝(좌부변 부)+昜(볕 양)
총획수	12

볕 양

부수	日 (날일, 4획)
모양자	旦(아침 단)+勿(말 물)
총획수	9획

쉬울 이

부수	日 (날일, 4획)
모양자	日(날 일)+勿(말 물)
총획수	8획

✦ 따라 쓰며 마음에 새기기 ✦

볕 양

볕 양

쉬울 이

✦ 떠올리며 기록하기 ✦

✳ 힘들 때 가장 기대고 싶은 사람은 누구인가?

✳ 잠에서 깨어날 때 가장 먼저 드는 생각은 무엇인가?

✳ 아주 사소한 것으로 큰 힘을 얻은 적이 있는가?

말하는 대로
試 시험 시 | 圖 꾀할 도

이 책을 쓰기 시작한 계기는 다소 충동적이었다. 한자를 다양한 시각으로 읽을 수 있다는 사실을 우연히 깨닫고, 나만의 시각으로 한자를 해석하는 글을 쓰고 싶다는 욕심이 생겼다. 새벽에 일어나 글을 쓰기 시작했다. 매일 몇몇 한자들을 놓고 글자가 나에게 주는 의미를 사색하는 시간을 가졌다. 그리고 나름대로 얻은 생각을 글로 정리해 보았다. 꽤 오랜 기간 쓴 글이 쌓이다 보니 어느새 책 한 권 분량의 원고가 완성되어 있었다.

이 책은 작은 시도(試圖)에서 출발했다. 試라는 한자에는 '시험 삼아'라는 뜻이 있는데, 言(말씀 언)과 式(법 식)이 합해진 한자다. 말하는(言) 대로 법(式)이 된다는 의미다. 圖(그림 도)는 囗(에운담 위) 안에 啚(꾀할 도)가 들어간 모양이다. 囗라는 백지장 위에 하고 싶은 일을 꾀하면, 멋진 그림이 된다. 나만의 법을 만들고, 멋진 그림을 그리려면 한 가지 전제 조건이 필요하다. 내가 '말해야' 하고 내가 '꾀해야' 한다는 것. 아무것도 하지 않는데 저절로 되는 것은 세상에 아무것도 없다. 뭐라도 시도해 보면 뭐라도 나온다. 원하던 결과면 좋지만 그렇지 않아도 낙심할 필요는 없다. 얻은 경험으로 또 다른 시도를 해보면 되니까. 누군가에게 시간은 그저 흘러 지나가지만, 누군가에게는 차곡차곡 쌓이며 훌륭한 자산이 된다. 모두에게 똑같이 주어진 시간을 자산으로 만드는 것은 시도하는 사람만이 가질 수 있는 특권이다.

한자에 대해 별다른 지식이 없던 내가 계속 한자를 들여다보고, 의미를 사색해 보고, 정리된 생각을 글로 써 내려간 시도의 결과물로 이 책이 나왔다. 말하던 대로 현실이 된 것이다. 정말 기적 같은 일이다. 이 책을 읽는 당신에게도 기적이 일어나기를 바란다. 그것은 □라는 백지장 위에 꿈꾸는 현실을 그려 넣고자 붓을 드는 데서 시작된다. 바로 지금 시도해 보자.

✦ 정확하게 쓰기 ✦

시험 시

부수	言 [訁,讠] (말씀언, 7획)
모양자	言(말씀 언)＋式(법 식)
장단음	시(ː)
총획수	13획

꾀할 도

부수	口 (입구, 3획)
모양자	口(입 구)＋十(열 십)＋回(돌아올 회)
총획수	11획

✦ 따라 쓰며 마음에 새기기 ✦

시험 시

꾀할 도

✦ 떠올리며 기록하기 ✦

✳ 오늘 새롭게 해본 일은 무엇인가?

✳ 나는 현실에 도전하는 사람인가, 안주하는 사람인가?

✳ 말하던 것이 현실이 되었던 경험이 있는가?

✦ 한자 색인

一 한일
不 　 아닐 부

丶 점주
主 　 주인 주

亅 갈고리 궐
予 　 나 여

亠 돼지해머리
交 　 사귈 교

人 사람 인
來 　 올 래
余 　 나 여
亻 　 사람인변
信 　 믿을 신
優 　 넉넉할/뛰어날 우
傷 　 다칠 상
僾 　 어렴풋할 애
任 　 맡길 임
停 　 멈출 정
仁 　 어질 인
伍 　 다섯 사람 오
仇 　 원수 구
什 　 열 사람 십

休 　 쉴 휴
佂 　 외로울 정
佯 　 거짓 양
伩 　 힘쓸 력
促 　 재촉할 촉
偏 　 치우칠 편
儓 　 어리석을 탐
依 　 의지할 의
偶 　 짝 우
倖 　 요행 행
便 　 편할 편

力 힘 력
勞 　 일할 노
努 　 힘쓸 노
劦 　 합할 협
勤 　 부지런할 근
勇 　 날랠 용

冫 이수 변
冷 　 찰 냉

十 열 십
協 　 화합할 협

冂 멀경 몸
冊 　 책 책

厶 마늘모

去   갈 거

彡 터럭삼

形   모양 형

氵 삼수변

海   바다 해
法   법 법
流   흐를 유
遺   남길 유

子 아들자

孤   외로울 고

大 큰대

失   잃을 실

宀 갓머리

定   정할 정
寓   맡길 우

口 입구

君   임금 군
吠   짖을 폐
器   그릇 기
哀   슬플 애

吾   나 오
善   착할 선

囗 큰입구몸

困   곤할 곤
因   인할 인

又 또우

取   가질 취

彳 두인변

得   얻을 득
征   정복할 정
從   좇을 종
徒   무리 도
德   덕 덕
徐   천천히 서

夕 저녁석

夕   저녁 석

犭 개사슴록변

狺   으르렁거릴 은

山 뫼산

崩   무너질 붕

寸 마디촌

將 장수 / 장차 장
射 쏠 사

阝 좌부변

限 한할 한
陽 볕 양

辶 책받침

運 움직일/운 운
連 잇닿을/거만할 연
通 통할 통
遍 두루 편
過 지날 과
遇 만날 우

工 장인공

巨 클 거

廾 스물입발

弄 희롱할 롱
弊 폐단/해질 폐

弓 활궁

弘 클 홍
弱 약할 약
弜 강할 강
強 강할 강

干 방패간

幸 다행 행

忄 심방변

恨 한 한
傷 근심할 상
憤 분할 분
悔 후회할 회
怯 겁낼 겁
悃 정성 곤
忙 바쁠 망
悻 성낼 행

小 마음심밑

恭 공손할 공

心 마음심

憂 근심 우
愛 사랑 애
怒 성낼 노
忿 성낼 분
忍 참을 인
忘 잊을 망
忐 마음이 허할 탐
忑 마음이 허할 특
惑 미혹할 혹
思 생각 사
怠 게으를 태
愚 어리석을 우

急 급할 급
惡 악할 악
感 느낄 감

戈 창과

我 나 아

毋 말무

母 미 모
每 매양 매

氏 각시씨

民 백성 민

日 날일

曖 희미할 애
智 지혜 지
昜 볕 양
易 쉬울 이/바꿀 역

月 달월

朋 벗 붕
有 있을 유

月 육달월

脅 위협할 협

文 글월문

文 글월 문

夂 등글월문

敬 공경 경

止 그칠지

止 그칠 지
正 바를 정
步 걸음 보

木 나무목

榮 영화 영
未 아닐 미

火 불화

營 경영할 영
焭 근심할 경
煩 번거로울 번

灬 연화발

然 그러할 연
熱 더울 열

日 가로왈

會 모일 회
書 글 서

礻 보일시변

社	모일/토지신 사
福	복 복

目 눈목

眠	잘 면
省	살필 성

田 밭전

由	말미암을 유
留	머무를 유

生 날생

生	날 생

歹 죽을사변

死	죽을 사

穴 구멍혈

空	빌 공
突	갑자기 돌
究	연구할 구

疋 짝필

疏	소통할 소

立 설립

競	다툴 경

皿 그릇명

益	더할 익

羊 양양

義	옳을 의

禾 벼화

秋	가을 추

立 설립

章	글 장

示 보일시

禮	예도 예

臣 신하신

臣	신하 신

艮 괘이름간

艮	괘이름/그칠 간
良	어질 량

自 스스로자

自	스스로 자

竹 대죽

篇	책 편

衣 옷의

衰　쇠할 쇠

糸 실사

編　엮을 편

緣　인연 연

言 말씀언

謝　사례할 사

認　인정할 인

諾　그러할 예

讒　참소할 참

誘　꾈 유

護　도울 호

辛 매울신

辛　매울 신

辯　말씀 변

貝 조개패

責　꾸짖을 책

負　질 부

貪　탐낼 탐

見 볼견

親　친할 친

走 달릴주

走　달릴 주

超　뛰어넘을 초

越　넘을 월

角 뿔각

觸　닿을 촉

門 문문

關　관계할 관

開　열 개

閉　닫을 폐

閑　한가할 한

食 밥식변

餘　남을 여

長 길장

長　길 / 어른 장

食 밥식변

飮　마실 음

食 밥식

食　밥 식

革 가죽혁

革 가죽 혁

鞭 채찍 편

鬥 싸울투

鬪 싸울 투

龍 용룡

龍 용 용

龖 두 마리 용 답

龘 용 가는 모양

龘 수다스러울 절

어른의 한자력
1일 1페이지, 삶의 무기가 되는 인생 한자

초판 1쇄 발행 2022년 12월 7일

지은이 신동욱
펴낸이 박영미
펴낸곳 포르체
편 집 임혜원, 김성아
마케팅 고유림, 손진경
출판신고 2020년 7월 20일 제2020-000103호
전 화 02-6083-0128 | **팩 스** 02-6008-0126
이메일 porchetogo@gmail.com
포스트 https://m.post.naver.com/porche_book
인스타그램 www.instagram.com/porche_book

ⓒ 신동욱(저작권자와 맺은 특약에 따라 검인을 생략합니다.)
ISBN 979-11-92730-07-3 (03190)

여러분의 소중한 원고를 보내주세요.
porchetogo@gmail.com